4年生のクラスをまとめる60のコツ

著
若松俊介

東洋館出版社

「クラスをまとめる60のコツ」シリーズ刊行にあたって

本書を見つけていただき、ありがとうございます。

本書を手にとっていただいたということは、何かしらの悩みをお持ちなのでしょう。もしくは、はじめて持つ学年で不安がいっぱいなのかもしれませんね。

本書は、「これをすればうまくいく！」という強いメッセージを持った本ではなく、心がスッと楽になるような、手元に置いておきたくなるような本を目指しました。悩みや不安があると、つい「これをすればうまくいく！」といった本を買ってしまいがちです。そのような本をヒントに、目の前にある悩みや不安を解消しようとします。

気持ちはとてもわかります。私もそうでした。

もちろん、本書でも「これをすればうまくいく！」といったことは書いています。でも、本通りにしたけれど、うまくいかなかったということはありませんか。

それは目の前にいる子どもの実態や、先生自身のステータスが異なっているといった様々な理由から同様のことはできないのです。

そこで本シリーズでは、実際に執筆した先生たちのエピソードを入れました。それらのエピソードは、先生たちが実際に感じた失敗や困難、時には迷いや葛藤といった感情をリアルに伝えています。そして、そこから学んだことや次に向けた前向きな姿勢も含まれており、読む方に「私も大丈夫」と思っていただける内容になっています。

また、本書では、日々の授業や子どもたちとの関わりを通じて感じる喜びや、成長の瞬間にも焦点を当てています。教師としての役割や使命感に加え、日常の中で感じる小さな達成感や共感の場面を通じて、教育の奥深さを再確認してほしいと願っているのです。

ぜひ、本書を通じて、あなたが日々の実践に役立つヒントや気づきを得られることを願っています。教師という仕事における不安や悩みが少しでも軽くなり、子どもたちと向き合う毎日が、さらに充実したものになることを心から願っています。

本書は「教壇に立つあなたに伝えたいこと」シリーズの姉妹本になります。そちらのシリーズもあわせてお読みください。

樋口万太郎

はじめに

本書を手に取っていただき、ありがとうございます。学級経営に関する本は世の中に数多くありますが、その中でも「4年生」「コツ」という切り口で書かれた本を選ばれたことには、きっと何かしらの意味があるのではないでしょうか。

私自身、初任の頃は「どうすればよい学級経営ができるのだろう」と深く悩んだことをよく覚えています。教育実習では、授業の進め方や教え方に集中することが主であり、学級全体を運営する力を試される場面はほとんどありませんでした。また、大学時代に「学級経営」をしっかりと学んだかと問われると、自信をもって「はい」と答えられるものではありませんでした。

学級経営とは、事前に完全に身に付けられるものではなく、実際に子どもたちと共に日々を過ごす中で少しずつ学んでいくものだと感じています。一人ひとりの子どもと向き合い、日々の出来事や試行錯誤を通じて「何が大切なのか」を模索する――それが学級経営の本質ではないでしょうか。

正直に言えば、今でも私は「学級経営が完璧にできている」とは言えません。どの学級にも、その学級ならではの課題や特徴があり、毎日が新しい学びの連続です。担任として、「今日はどうすればよかっただろうか」「別のアプローチがあったのではないか」と振り返ることを繰り返してきました。その積み重ねの中で、少しずつ自分なりの「手応え」や「大切にしたいこと」が見えてきた気がします。

本書では、4年生の担任を務めた経験を振り返り、学級経営で得た学びや感じたことを六十項目に整理しました。具体的な出来事や試した方法も交えています。これらのコツは「答え」ではありませんが、目の前の子どもたちと向き合い、試行錯誤する中で、新たな発見や「気づき」のきっかけになればと願っています。若手の先生には「今の自分なり」に、中堅やベテランの先生には「視点を広げる材料」として、それぞれの状況に応じた読み方をしていただけたら幸いです。

学級づくりに悩む日々の中で、私が強く実感してきたのは、「悩むこと自体が、次のステップへの大切な一歩になる」ということです。学級経営に絶対的な正解はありませんが、日々の試行錯誤を重ねることで、自分に合ったスタイルが少しずつ形づくられていくものだと感じています。この本を手に取った皆さんが、自分なりの「これだ」と思える学級経営のコツを見つけ、日々の実践につなげていただければ幸いです。

若松　俊介

目次

第2章 4年生のクラスをまとめるコツ 35

第1章

4年生の指導のポイント

4年生の指導のポイント

4年生と聞いてどう思うか

本書を手に取られたということは、4年生の担任を任されたということでしょうか。皆さんは4年生の担任をすることになり、どのようなことを思われましたか。

「5、6年生は、力のある人が担当する」
「1年生はなかなか難しくて、誰でも持てるわけではない」
「中学年は担任しやすいから、若い先生が持つのがよい」

といったように、学年ごとに「難しさ」に違いがあると言われることもあります。

しかし、正直なところ、どの学年にもそれぞれの「難しさ」があります。「この学年は楽だ」ということはありえません。子どもたち一人ひとりをしっかりと見ていれば、どの学年でも「難しさ」を感じることでしょう。その「難しさ」を大切にしながら、子どもたちと過ごす毎日を楽しんでいきたいものです。

一方で「難しい」からといって、それが「大変だ」と言っているわけではありません。この「難しさ」を解決するためには、目の前の子どもたちのことをよく知る必要があります。例えば、「4年生」という学年はどのような特徴を持っているのでしょうか。皆さんは「4年生」と聞いて、どのようなことを思い浮かべますか？

- ギャングエイジ
- 十歳の壁
- 思春期に向かう
- 反抗期突入

など様々な言葉を思い浮かべる方もいるかもしれません。教育書を読んだり、他の先生から話を聞いたりして、こうした情報を得たこともあるでしょう。

特に「十歳の壁」という言葉をよく耳にした方が多いと思います。この「十歳の壁」として、九、十歳頃の子どもたちに次のような姿が見られることがあります。

- 自分が思い描くようりうまくできないことや他人と比較して自分の苦手なことに気づく
- 過去の失敗を気にして行動に移せなかったり、未来に対して不安に感じたりする
- 「他の人は自分のことをどう見ているだろう」と気にするようになる

これらの一つ一つを「壁」として捉えることもできますが、そこで終わらせてしまうのはもったいない話です。「壁」は成長しているからこそ現れるものであり、それを**「成長の証」と捉えることができれば、「飛躍の時期」とすることもできる**でしょう。

- 「自分を客観的に見つめ直し、自分の姿を捉える力を育む」

→**自分の長所に気づけるようにする**

- 「これまでの経験を振り返り、これからの道筋を見通せる力を伸ばす」

→**一緒に振り返りながら進む**

- 「他者の気持ちに寄り添い、共感する力を深める」

→**共感したり、他者とつないだりする**

- 「単純だと思っていた物事の中にある、奥深さや多様性に気づけるようにする」

→**「複雑な奥深さ」を楽しめるようにする**

……と、子どもたちが困難を乗り越える過程を見守り、適切な指導や支援を行うことで、子どもたちの自信や自己肯定感を育むことができます。

「十歳の壁」を単に言葉だけで終わらせるのではなく、「発達段階としてどのような時期なのか」を丁寧に捉えることで、4年生の子どもたちの成長を保護者と共に支えていけるでしょう。教師として、「知ろう」「知りたい」とする姿勢で子どもたちに向き合い、共に成長していくことが、4年生の担任としての大きな醍醐味となります。

子ども理解

先ほども述べましたが、どの学年でもそれぞれの「難しさ」があります。それは変わりません。そして、その「難しさ」を乗り越えるために最も大事なのは、

- **目の前の子どもたちをきちんと理解しようとする**

ことです。子ども理解から、教育のすべてが始まります。

本書では、学級経営のコツとして六十項目が挙げられていますが、その中でも最も大事なことであるといっても過言ではありません。なぜなら、私たちは子どもたち一人ひとりのよりよい成長を支えるために学級づくりをしているからです。学級づくりは、子どもたちが学ぶ場をコントロールし、子どもたちを管理しやすくするためのものではありません。**子どもたちの学びを深め、一人ひとりの成長を支え、促進することが目的**です。

そもそも、今の時代において、子どもたちをコントロールし、管理するという考え方自体が現実的ではないでしょう。学級には、本当に様々な子どもたちがいます。それぞれの個性や考え方があるため、画一的な指導や支援では対応できません。

子どもたち一人ひとりの主体性を大切にしたいのであれば、

- 子どもたちをコントロールする
- 子どもたちを管理する

という考え方から脱却する必要があるでしょう。私たちの目指すべきは、子どもたち一人ひとりの力を引き出し、子どもたちが自ら学び成長するための環境を整えることです。そのためには、一人ひとりの「今」を丁寧に見取ることが大事になります。

最近、「子ども主体の○○」という言葉をよく耳にします。これらの概念はとても魅力的です。これまでも、そしてこれからも大切にされるべき考え方であることは間違いありません。しかし、具体的にどのように実践すればよいのかわからない方も多いでしょう。

「任せればいい」

「叱らない方がいい」

「教えない方がいい」

といった言葉もよく聞かれますが、これらは果たして正しいのでしょうか。

これらの言葉には、「子どもたちの自主性を尊重しよう」とする意図が見られますが、単に「子どもたちに委ねるだけ」で、「教師が何もしない」になってしまっては不十分なこともあります。「任せる」「叱らない」「教えない」といった言葉が先行しすぎると、子どもたちにとって、本当に大事な指導や支援ができなくなってしまう可能性があります。

教師が直接的に指導するべき場面と、間接的に指導するべき場面はどちらもあり、どちらかだけがよいということはありえません。方法が言葉に凝縮されることで、極端になりがちですが、そのどちらもきちんと捉えながら、間を探っていくことが必要になります。

その中で、しっかりと「問い」を持ち、考え続け、よりよい指導や支援を選択していく教師になる必要があるでしょう。結局は、**「目の前の子どもたちには何が必要か」を捉え、それに応じた指導をしていく**ことが重要です。その選択、判断の精度を高めるためには、きちんと子どもたちのことを理解することが大切です。

すべての子どもたちを「簡単に理解する」ことなどありえません。ただ、1年生や2年生は感情をそのまま表現し、自由に動くことで、その子の姿を見取りやすいです。しかし、学年が上がるにつれて、

- 何を思っているのか／考えているのか
- 何に困っているのか

といったことが見えにくくなってくるでしょう。4年生になると、その傾向がさらに増して

きます。現在（2024年）、私には4年生の娘がいますが、これまでの1年生から3年生の頃と比べて、少しずつわかりにくく、関わりが難しくなってきています。

実際、それは大人（私）の見方の問題であり、その子自身はあまり変わっていないかもしれません。しかし、これまでと同じように捉えると、なかなか理解できないことがあるのは事実です。学年が上がるにつれて、子どもたち自身も自分の変化に戸惑うかもしれません。そんなとき、教師がきちんと「その子のことを知ろう」とすることで、より寄り添った指導や支援ができるようになるでしょう。

4年生の子どもたちは、先述したように「十歳の壁」と言われる成長の節目に差しかかります。子どもたちが自己を理解し、周囲の世界とどのように関わるかについての認識を深める時期です。例えば、以前は素直に話していた子どもが急に無口になったり、まわりとの関係を気にし始めたりするようになります。

そのため、4年生の子どもたちの成長を支えるためには、日々の指導や支援において柔軟に対応することが求められます。子どもたち一人ひとりの変化や成長、多様性を理解し、尊重することで、よりよい学級づくりを行うことができるでしょう。変化、成長の過程で揺らぐ子どもたちと一緒に学級づくりを行う意識を持ちたいものです。

自律性と協働性

皆さんは一年間を通して、どのような学級をつくりたいでしょうか。次章の「4年生のクラスをまとめるコツ」を読む前に、まずはこうしたことをきちんと考えることが大切です。自分なりに「このような学級づくりがしたい」という願いを持つことで、「その実現のために、（私は）何をしていけばよいか」を具体的に考えることができるようになります。

例えば、

- みんなが楽しく過ごせる学級
- 子どもたちがより成長する学級
- 子どもたちの笑顔を増やす学級

など、先生によってその目指すところはそれぞれ異なると思います。同じ学年の先生にもそのようなビジョンを聞いてみると、新しい視点が得られて面白いかもしれません。

私は、次のような願いを持っています。

・子ども（たち）が自分（たち）の幸せを自分（たち）でつくる力を育てたい

「私が担任をしているから楽しいクラス」というのは、あまり子どもたちにとってよくないでしょう。「いい先生がいるから」「誰かが楽しくしてくれるから」楽しいのではなく、**子どもたち自身が主体的に楽しい環境をつくり出す**ことが大切です。

大人になっても同じです。うまくいかないことや楽しくないことを誰かのせいにしてしまうのはもったいないことです。「自分が動けば、自分たちで動けば、自分の毎日を変えていける。自分の幸せをつくっていける」という思いを持つことができれば、それは次の学年や大人になってからも生かされます。一年間を通して（本当はその学校で六年間を通して）、このような力を育てていきたいと思っています。「幸せ」の定義も、私が考える幸せの定義ではなく、子どもたち自身がつくり上げていけるとよいでしょう。その定義も、生活や学習、まわりの人との関わり合いを通じて更新されていきます。

その中で私が大切にしたいのは、子どもたちの自律性と協働性を育てることです。私は、自律性、協働性を次のように捉えています。

自律性→**自分のことを律して行動する姿**

協働性→**同じ目的に向かって、力を合わせて物事に取り組む姿**

4年生は、様々なことを「自分で考えたい」「あれこれまわりの大人に言われたくない」と思う時期です。この時期は、子どもたちにとってたくさんの挑戦ができるからこそ、その視点を持って学級づくりをしたいものです。「自律性」「協働性」については、きっと皆さんの目指す学級にもつながる視点となるでしょう。

次章で詳しく述べますが、日々の活動の中で子どもたちが自分の役割を持てるようにしたり、まわりの人と関わり合いながら物事に取り組むことができる機会をつくったりすることで、子どもたちの自律性と協働性を育むことができます。その際、**子どもたちが自分の考えを自由に表現できる場をつくったり、互いに考えを尊重し合う文化を築いたりする**ことも大切です。子どもたちが自分の考えを持ち、それを伝え、他者と協力し合う経験を重ねることで、自律性と協働性は自然と育まれていきます。

このような学級づくりを通して、子どもたちは自分自身の力で未来を切り拓く力を身に付けていくことができるでしょう。その子の「一年間」だけでなく、「一生」にもつながるような学級づくりを目指したいものです。皆さんもぜひ、自分自身の願いや目標を明確にし、一年間を通して子どもたちの成長を支える学級をつくっていってください。

保護者、いろいろな先生と共に学級をつくる

「学級づくり」をする際、その学級をつくるのは誰でしょうか。果たして担任だけの役割でしょうか。

①学級担任
②学級担任+その学級で授業をしている先生
③学級担任+すべての先生
④学級担任+子どもたち
⑤学級担任+その学級で授業をしている先生+子どもたち
⑥学級担任+すべての先生+子どもたち

……と、数字が上がるにつれて、学級づくりに関わる人を増やしてみました。

学級を一人でつくろうとするのではなく、**多くの人と協力して進めていくことが大切**です。特に4年生になると、これまで以上に多くの先生と関わる機会が増えるかもしれません。担任として子どもたちに関わる機会が少なくなるからこそ、他の先生と連携しながら学級づくりをすることが必要になるでしょう。

4年生になると、子どもたちは多様な考えや興味を持つようになります。そのため、教科ごとの専門性を持つ先生たちが、子どもたちの異なる興味や学びのスタイルに応じた指導や支援を行うことで、より豊かな学習環境が生まれます。子どもたちは異なる先生から様々な価値観や視点を学び、自分の視野を広げることができます。

もちろん、担任として子どもたちのことをしっかりと見守り、責任を持つことは重要です。しかし、学校全体で子どもたちを支える環境をつくることも大切です。これにより、学校全体での学級づくりが進み、子どもたちもより多くの支援が得られます。

また、子どもたちをより成長させるためには、保護者の協力が欠かせません。保護者は子どもたち一人ひとりのことを最もよく理解しているため、その情報を共有することで、教師はよりよい指導や支援ができるようになります。保護者と共に協力して、子どもたちの成長を支えられるようにしていきましょう。

4年生になると、子どもたちは学校での出来事を家であまり話さなくなることが多く、保護者が学校での様子を把握しづらくなります。人間関係が複雑になり、学習内容が高度化するからこそ、保護者はより不安になるはずです。そのため、定期的に子どもたちの学校での様子や活動などを保護者に伝えることが大切です。保護者が学校での子どもたちの状況を知ることで、家庭での支援がより効果を発揮しやすくなります。

さらには、4年生だからこそ、

子どもたちの「自分（たち）の力で物事を解決する力」を育みたい

と考える先生が多いでしょう。

こうした「教師の願い」をしっかりと伝えることで、保護者もその意図を理解し、子どもたちの成長を一緒に支えることができます。保護者は1年生から3年生までのイメージで、子どもたちの成長に関わろうとすることが多いです。そのため、こうした「教師の願い」をきちんと伝えなければ、

・どうして、今年の先生はあまり手厚く指導してくれないのだろう
・「子どもに任せる」とかよりも、きちんと指導してほしい

と不安や不満を持つことにつながります。「教師の願い」がうまく伝わっていなければもったいないです。

学級づくりは、担任一人で行うものではなく、学校全体、そして家庭との協力によって成り立つものです。様々な視点を取り入れながら、子どもたちの成長を支える環境を築いていきましょう。このような環境において、子どもたちは安心して学び、成長していくことができます。

自分の成長とつなげて

本書を手に取っている方の中には、初めて担任を持つ方もいれば、既に何度も担任を経験している方もいるかもしれません。しかし、どなたも「よりよい学級づくりをしたい」という思いを抱いて、この本を手に取られたことでしょう。子どもたちの成長に関わることは非常に奥深く、教師自身の学びにもつながります。

教育には、正解がありません。もし、特定の状況に適用できる簡単な成功法則や万能な指導や支援の方法があれば、「すぐにでも知りたい」と思われるでしょう。しかし、教育現場では想定通りにいかないことが多いという現実を、既にご存知の方も多いかと思います。だからこそ、本書を手に取り、よりよい成長と支援を模索しようとしている皆さんの姿勢はとても素晴らしいものです。

子どもの成長に関わることは、教師自身のこれまでのものの見方や考え方を見直す機会にもつながります。「こうすればうまくいく」と思っていた方法がうまくいかないときには、教師と子どもの間に何らかのズレが生じていることがあります。**このズレを絶えず振り返り、修正していくことで、子どもの視点を理解し、よりよい指導や支援ができるようになります。**子どもたちの成長に合わせて教師自身も成長することができるでしょう。

例えば、ある指導方法がA君には効果的でも、Bさんには合わないことがあります。これは、子どもたちの特性や背景等が一人ひとり異なるためです。そこで、教師はその子どもたち一人ひとりの特性や背景等を理解し、指導や支援方法を柔軟に調整することが必要になります。この過程を通じて、教師自身も新たな視点を得たり、指導力を向上させたりすることができます。

4年生の子どもたちは実に多様です。まだ1年生や2年生、3年生のような幼さを持つ一方で、高学年に近づく成熟した部分も見えてきます。子どもたちによって、成長の様子も違います。このように、学級には多様な子どもたちがいるからこそ、全員に対して同じ方法で指導や支援を行うのは難しいです。4年生の学級では、一人ひとりに合わせた指導や支援を考える必要があります。

本書では、学級づくりのコツを次の七つの視点に分類して整理しています。

①子ども理解
②自律性
③協働性
④授業を通して
⑤保護者と共に
⑥他の先生と共に
⑦その他

皆さんの必要な視点、考えたいことをもとに読んでいただければと思います。学級づくり、子どもたちとの関わり合いを通じて得られる学びや成長を楽しみながら、子どもたちの未来を共に支えていきましょう。

第2章

4年生のクラスをまとめるコツ

1

前学年での様子を知る

学級開きまでに子どもたちのこれまでの様子を知っておくことは重要です。「あまり詳しく知りすぎるのはよくない」と感じられる先生もいるかもしれませんが、「何も知らない」よりかは、少しでも子どもたちの情報を持っていた方がよいでしょう。

- その子の好きなこと
- その子が頑張っていたこと
- その子がこれまで抱えてきた課題
- 先生から見て「面白い」と感じたところ

……と、前の担任から様々な情報を引き継ぎます。それにより、単に子どもたちの情報だけでなく、**前の担任がどんな願いを持って子どもたちの成長に関わってきたかを受け止めることで、その願いを引き継ぐ**ことができます。

ただし、受け取った情報が多すぎて混乱しないように注意が必要です。情報を受け止めつつ、新たな気持ちで子どもたちと向き合うことを大切にしましょう。そうすることで、子どもたちとの信頼関係を築きやすくなり、よりよい学級づくりが可能になります。

2

子どもたちの名前を覚える

子どもたちの名簿をもらったら、できる限り学級開きまでにその名前を覚えるようにします。もし、写真もあれば、写真と照らし合わせて覚えるのもよいでしょう。自分の名前を知っていてもらえるだけで、子どもたちの先生に対する印象が大きく変わります。

「○○さん、おはよう」
「△△さん、頑張っているね」

と名前とともに声をかけることで、子どもたちは先生に対してよい印象を持つでしょう。それだけでなく、

「○○さん、おはよう。元気そうだね」
「△△さん、きちんと話を聞けているね」

と具体的な言葉を加えることで、子どもたちはより特別に感じ、安心感を持つでしょう。学級開きから子どもたち一人ひとりとの丁寧な関わりを大事にしたいものです。

3

初日からできるだけ多くの子と関わる

学級開きには、子どもたちに伝えたいことがたくさんあるでしょう。事前に考えていた、

- やらなければならないこと
- やりたいこと
- やった方がいいこと

がたくさんあり、それら一つ一つを充実させることはとても大切です。しかし、それ以上に大切なことは、**様々な場面で子どもたちと自然に関わるようにする**ことです。

- 始業式からの帰り道
- 掃除時間の合間
- 休憩時間
- 教科書を運ぶとき
- 下校するとき

……など、「教室で子どもたちの前で話す」時間だけでなく、子どもたちと関わる機会がたくさんあるでしょう。これらの機会を活用して、子どもたちと少しでも関わって、話をするように心がけます。

例えば、次のように声をかけることで自然な会話が生まれます。

「○○さん、掃除頑張っているね。ほうきが得意なんだね」（掃除時間）

「△△さん、何をして遊んでいるの？」（休憩時間）

「■■さん、ランドセルに綺麗に荷物を入れているね」（帰りの会の準備時間）

一対多数の関わりではなく、一対一で関わる機会を意識的につくることで、子どもたちとのつながりが少しずつ生まれてきます。

さらに、次のような言葉で感謝の気持ちを伝えることも大切です。

「ありがとう」

「本当に助かるなぁ」

「そうやって行動できるのは素敵だね」

と個別に声をかけることで、子どもたちは自分が認められていると感じ、安心感を得ることができます。こうした小さな関わりを積み重ねることで、信頼関係が築かれ、子どもたちとの絆が深まります。

このように、日常の中で自然に子どもたちとたくさん関わりを持つことが、よい学級づくりにつながります。特に初日は、子どもたちが、

「今度の担任の先生は、どんな人かな？」
「担任の先生、怖くなかったらいいな」

と緊張しているからこそ、一対一のコミュニケーションを大切にしましょう。初日によい印象を持たれると、今後もそのよい印象が続きます。決して、子どもたちに媚びを売る必要はありません。自然な関わりで大丈夫です。

4

子どもたちの間で流行っているものを知る

皆さんが小学生のときに流行っていたものは何でしょうか。私が小学生の頃（1990年代）に流行っていたものは次の通りです。

- ポケモン
- たまごっち
- デジモン
- ドラゴンボール

どれも懐かしい思い出です。それぞれの時代に、子どもたちの間で流行っているものがあります。それらすべての内容を詳しく知ることは難しいかもしれませんが、「今、どんなものが流行っているのか」を知っておくと、目の前の子どもたちの興味・関心に注目しやすくなります。

例えば、子どもたちが会話しているときに「今、何が流行っているのかな？」と興味を持って話を聞くと、自然に会話に入ることができたり、質問を通じて話題を広げたりすることができるかもしれません。こうした会話のきっかけが生まれることで、子どもたちと自然に関わることができるようになります。

- すとぷり
- ブルーロック
- スプラトゥーン
- ロブロックス

これは小学4年生の娘に聞いた「今、身の回りで流行っていること」です。皆さんはどれだけのことについて詳しく話せますか。正直、よくわからないことも多いのではないでしょうか。

実際、年々子どもたちの流行についていくのは難しくなっています。現在は娘（4年生）を通じて何となく好きなものもわかりますが、あと十年もしたら、さらにわからなくなってしまうかもしれません。ただ「もう全部一緒に見えてしまう」と終わらせてしまうようにはなりたくないです。

だからこそ、**常に子どもたちの興味・関心に耳を傾ける姿勢を持ち続けること**が大切です。

- **小学生の雑誌を読む**
- **テレビを見る**
- **子どもたちに質問する**
- **おもちゃ屋さんに行く**
- **インターネットで調べる**

……など、新しい流行や趣味を知る方法はたくさんあります。その中でも、「実際に、子どもたちに聞いてみる」というのが一番いいかもしれません。

学級の子どもたちの「好きなこと」「ハマっていること」を聞いてみると、子どもたち一人ひとりのことをより理解することができます。

子どもたちの流行について少しでも知っておくことで、共通の話題が増え、信頼関係を築くことができるようになります。様々なことに興味を持ち続け、子どもたちとの関わりを大切にしましょう。

5

家でどんな時間を過ごしているかを知る

私たちは子どもたちが学校で過ごす姿をよく見ています。そのため、ついつい学校での姿だけをすべてと捉え、その範囲内で子どもたちに対する指導や支援を考えがちです。しかし、子どもたちは当然のように家庭でも様々な時間を過ごしています。

- 習い事に行く
- 弟や妹の面倒を見る
- 買い物に行く
- 祖父や祖母と過ごす
- 家族とケンカをする

……と、本当にいろいろな過ごし方をしています。これらの家庭での毎日、経験があってこその学校での姿です。

学校での姿だけを捉えて指導や支援を考えすぎると、「うまくいかない」ことがあります。そうではなくて、学校以外の時間にどんな過ごし方をしているのかを知ろうとすることで、その子にとってよりよい指導や支援を考えることができます。

例えば、ある子が学校ではおとなしいけれど、家では活発に弟や妹の面倒を見ていると知れば、その子の責任感やリーダーシップを受け止めて、学校でもそれらを引き出すような活動の場をつくることができます。また、習い事で特技を持っている子がいれば、その特技を学校でも生かせる場をつくることで、より学校での生活に自信を持たせることができます。

もちろん、家での姿は見えなくて当然であり、家での姿と学校での姿が違っているのが自然でしょう。私の娘も、家で見ている姿と学校で先生から聞く姿が全然違っているので驚いています。家ではすごくおちゃらけていて、面白いことをたくさんするのが好きなのですが、学校ではそうではないようです。結構、学校では真面目なタイプのようで……。学校では少し気を張っているのかもしれません。

また、家では娘のいろいろな姿を見ることができます。

- 段ボールを使って、家やおもちゃなどを作るのが好き
- 放っておいたら、絵をかいている
- 算数の宿題を悩みながら解いている
- 次の日の体育の「前転」が心配で、布団で練習している

- 買ってもらった消しゴムを持っていくのを楽しみにしている
- 先生に頼まれたピアノの伴奏を一生懸命練習している

……などの過ごし方をしています。もちろん、これらすべての過ごし方を知ることなんて絶対にできません。知られても、子どもたちも困るでしょう。

ただ、少しでも家庭での過ごし方を知るためには、保護者とのコミュニケーションを大切にします。**家庭訪問や保護者面談、連絡帳などを通じて、家庭での子どもたちの様子を聞き、理解を深められる**ようにします。「知ろう」「知りたい」と思っていれば、そのチャンスはいくらでもあるはずです。

「学校以外でのその子の姿」を少し想像するだけで、その子の見方が変わってくると思いませんか。どの子にも「その子の物語」「その子の毎日」があります。それを忘れずにしたいものです。様々な「その子」と出会い直しながら、その子にとってのよりよい指導や支援を考えていきましょう。

6

日記や振り返りを読む

子どもたちのことを見ているだけでは、子どもたちのことを知ることはできません。感じていることや考えていることなどは、子どもたちの外側になかなか表れにくいものです。そこで、

- 日記
- 振り返り
- ジャーナル

など、子どもたちが日々を自分の視点で書き残せるような機会をつくるといいでしょう。子どもたち自身が自分の生活を見つめられるようになるだけでなく、教師が子どもたちの毎日に触れる機会をつくることができるようになります。

子どもたちの日記や振り返りなどを読みながら、その子の生活に思いを馳せることで、

- **子どもたちと共に過ごす**
- **子どもたちと共に進む**

という意識を持つことができます。単に宿題として日記や振り返りを書かせて、「しっかり書かせないと」と指導するだけではもったいないです。それでは、子どもも教師も楽しめません。

例えば、ある子が次のような振り返りを書いていたことがあります。

> 前の時間のことだけれど、私が掃除の前からお腹が痛くて、掃除場所の廊下でちょっとうずくまっていたら、○○ちゃんやみんなが、
> 「大丈夫?」
> 「掃除できないくらいだったら野外実習室とかのあったかいところで休んでいてもいいよ」
> と声をかけてくれたので、嬉しかったです。
> 今日は○○ちゃんと一緒に掃除場所に行ったら、△△ちゃんしか見当たらなくて、
> 「◇◇君と■■君がいないなー」
> と思いました。そしたら、◇◇君と■■君が、（雑巾の）バケツを運んできたので、ちょっとびっくりしました。

「外で遊んだりしていて遅くなったのかな?」と思っていたけれど、ちゃんと掃除の準備をしてくれていたので嬉しかったです。嬉しかったことが多いですが、みんな優しいなぁと思いました。

これは私の知らないエピソードです。「掃除の時間にこんなことが起こっていたんだなぁ」と、振り返りを読んでいてほっこりしました。

この振り返りを読んだ後、この掃除場所の様子を見るときの自分の見方が変わったように感じます。子どもたち一人ひとりが紡ぐ物語をもっと知りたいと思うようになりました。この振り返りを書いた子が「みんな優しいなぁ」と感じた姿にも、思いを馳せました。

振り返りや日記など、**子どもたちが自分の考えや感じたことを自由に表現できる場をつくり、それに対して教師も共感や声かけ等を行うことで、より深い理解とつながりを築く**ことができます。

毎日、学級の子一人ひとりときちんと関わる機会が少ないからこそ、こうした場を大事にしたいものです。

7

頑張っていることやできていることを見つける

子どもたちの指導や支援を考える際、教師は「こうなってほしい」「あんなことができたらいいな」といった願いを抱きがちです。願いを持つことは大切ですが、その理想の姿から現状の子どもたちを引き算するような見方をしてしまうことがあります。

そうではなく、子どもたち一人ひとりが、現在、

- 頑張っていること
- できていること

にきちんと目を向けることができるようにしたいものです。その上で、その子にとって必要な指導や支援を考えられるようにします。**「教師の願い」からの引き算ではなく、「現在の子どもの姿」からの足し算で、子どもたちの姿を捉えられる**ようにします。

こうすることで、子どもたちは「現在の自分」を大切にしながら、さらに成長していくことができます。4年生になると、子どもたちはこれまで以上にまわりの子と自分を比べるようになってしまいます。比べてしんどくなってしまうのではなく、その子がきちんと自分の成長を歩んでいけるように支えていきましょう。

8

「気になること」にとことん向き合う

子どもたちの様子を見ていると、忘れ物の多さや整理整頓の雑さ、話の聞けなさなど、「気になること」が出てくることがあると思います。その際、

「これはよくない」
「すぐになんとかしなければ」
「ホント、○○さんは……」

という焦りから、これらの「気になる」を強引に「変えよう」としてしまうことがあります。もちろん、「なんとかしよう」と思うことは大切です。「何もしない」「気づかない」よりはよいでしょう。しかし、**「気になる」には必ずそのことが起きている理由や背景があります。**これら一つ一つに丁寧に向き合うことが必要です。

子どもたちの「気になる」にとことん向き合うことで、その子のことをより深く理解できるようになるでしょう。その子の行動の裏にある感情や環境などの影響を考えた上で、その子にとってよりよい指導や支援を行うことで、子どもたちが安心して成長できる環境をつくることができます。

9

「困っていること」を理解しようとする

子どもたちの「気になること」にとことん向き合うと、「その子が困っていること」として出合い直せるかもしれません。

- 自分の感情をうまく整理することができない
- ついつい手が出ちゃう
- 人前だと思っていることと違う行動をしてしまう
- すぐに「やろう」と思うことを忘れてしまう
- 漢字を覚えることができない

……と、いろいろな「困っていること」があるはずです。これらの「困っていること」をきちんと理解しようとすることを大事にしましょう。

その子の「気になること」を単に「できていない、ダメだな」と捉えてしまうと、「指導しなければならない」となってしまうだけです。そうではなくて、**その子の困り感に共感して、一緒に乗り越えようとする姿勢**が必要になります。

その子が「困っていること」に対して、教師の視点のみから、

「○○しなさい」
「△△しないとダメでしょ」

と指導すると、その子は、

「先生はわかってくれない」
「自分はダメなのかもしれない」
「そんなふうに言われたくない」

と、自分自身や先生に対して諦めを持つようになるかもしれません。反抗的な態度をとり出す子も現れます。そうならないためにも、**その子が「何に困っているのか」にきちんと注目しながら、寄り添って過ごしていきたい**ものです。

4年生になると、自分の心身の変化や成長に伴う「困っていること」が生まれてくるようになります。

- イライラしてしまう
- やる気が出ない
- 暴言が出てしまう

……など、3年生まではなかった「自分」が表れてくることに戸惑う子も出てくるでしょう。こうした姿を単に「反抗的だ」「やる気がない」と捉えて、指導してしまってはいけません。その子の変化や成長に伴うことだと理解することで、よりよい指導を見つけることができます。

子どもたち一人ひとりの「困っていること」に共感できるようになると、一緒に解決策を見つけられるようになります。

そうすることで、子どもたちの自信や安心感を育むことができます。まずは一緒に乗り越えられるようにすることで、少しずつ子どもたちが自分自身の力で問題を解決する力を身に付けることができるでしょう。

10

一緒に楽しむ時間をつくる

私は初任のときに4年生を受け持っていましたが、毎日一緒に遊んでいたことで、なんとか関係性を築くことができました。授業は拙いものでしたが、休み時間になれば、教室でおしゃべりしたり、運動場で増え鬼をしたり……と、とにかくたくさん遊んでいました。今では、子どもたちと毎日一緒に遊ぶことは少なくなりましたが、時には一緒に遊んだり楽しんだりすることも大切にしています。

一緒に楽しんだ経験や思い出が、子どもたちとの関係性を築くことにつながります。「教える人」と「教えられる人」という関係性で終わらせるのではなく、一緒に過ごし、一緒に楽しむといった自然な生活を大切にしたいものです。そのような自然な関係性が、他の場面でも大切にされるでしょう。

自分の得意な過ごし方で構いません。決して「鬼ごっこをしましょう」「走り回りましょう」と言っているわけではありません。**自分の得意な過ごし方で子どもたちと過ごせばよい**と思います。

教師として、子どもたちと過ごす時間や楽しむ時間を大切にすることで、子どもたちとの信頼関係を築くことができます。共に過ごす時間が、子どもたちの成長と学びを支える土台となります。「一緒に楽しむ」という気持ちを常に忘れずにいたいものです。

11

休み時間はいろいろな場所に行く

休み時間、気づいたら教室だけで過ごしていたり、気になる子と一緒に運動場で過ごしたりするなど、自分の行きやすい場所で過ごしてしまっていませんか。そうすると、特定の子どもたちとしか関わることができなくなります。

だからこそ、**意識的にいろいろな場所に行くようにすること**が大事です。

- 運動場で遊ぶことが好きな子
- 図書館で本を読むことが好きな子
- 教室でおしゃべりをすることが好きな子
- 教室で折り紙をすることが好きな子

など、様々な子どもたちがいます。授業中には見られない子どもたちの姿がそこにはあるでしょう。

子どもたちの関係性の中で気になることや変化についても、いろいろな場所を訪れることで把握することができます。多様な場面で子どもたちと関わることで、子どもたちの違った一面を知り、より深く理解することができるようになるでしょう。

12

五分休憩の様子を細かく見取る

中間休みや昼休みなどの長い休み時間だけでなく、細かな休み時間にも子どもたちの様子をきちんと見ていくことが重要です。

- 机に突っ伏してしまう子
- 五分休憩に次の授業の準備をする子
- 友達とトイレに行く子
- 気づいたら特定の子のそばに寄る子

など、様々な子どもたちの姿が見られます。

何となく過ごしていると、何となくしか子どもたちの様子は見えません。しかし、**細かく観察しようとすれば、様々なことが見えてきます。**例えば、いつも一緒にいる子同士が一緒に過ごしていない場合、何かあったのかもしれません。そのような変化に気づくためには、細かな五分休みの様子をきちんと見取ることが大切です。短い休み時間でも子どもたちの行動や変化を観察することで、子どもたち一人ひとりをより深く理解することにつなげていけます。「細かな」見取りを丁寧に積み重ねていきましょう。

13

あらゆることを問いかける

子どもたちに「○○しましょう」と、指導しなければならないことはたくさんあるかもしれません。例えば、次のような指導を行う場面はよくあることだと思います。

「忘れ物をしないように、きちんと連絡帳にメモをしましょう」
「給食当番の準備が遅いので、チャイムが鳴ったらすぐに着替えましょう」
「漢字テストの結果がよくないので、毎日二ページ練習しましょう」
「自分の考えを伝えるときには、『なぜなら……』と理由も伝えましょう」

もちろん、教師がきちんと声をかけることで、子どもたちができるようになることもあります。しかし、すべてそのように教師から指示するだけでは、子どもたちは「教師の言ったことをするだけ」で終わってしまいます。

問いかけることで、子どもたちは自分なりに考えたり、行動を選択したりすることができるようになります。**子どもたち自身が、自分で考え行動することで、一つ一つの行動が自分事になり、自らの成長につなげていくことができます。**そのような過程を生み出していくために、「問いかける」ことを大切にします。

教師が、

「こうなってほしい」

「こうできるようになってほしい」


と思うことを、問いかけの形にすることで、子どもたちの行動や思考に変化が生まれます。

すべてを「〇〇しましょう」と指示の形で終わらせないようにします。

例えば、

「どうすればもっと楽しく学べると思う？」

「この問題を解決するためにどんな方法があるかな？」

「どうすれば給食当番の仕事を早く進めることができるだろう？」

「忘れ物を減らすためには、どんな工夫をすればいいかな？」

「漢字テストで、次に一点でも高く点数を取るためには、どんな練習をしたらいい？」

といった問いかけをすることで、**子どもたちが自ら考え、行動を起こす機会をつくる**ことができます。ついつい「○○しましょう」と言いたくなってしまうこともあるかもしれませんが、「問いかけ」の形にすることを意識します。

- 学級開き
- 学級で大事にしたいことを決めるとき
- 学級で目標などを決めるとき
- 学級でうまくいかないことがあったとき

……など、様々な場面で「問いかける」ことができるでしょう。4年生にもなると、子どもたちには「自分（たち）で考える」力があります。「言われたことだけをする」に慣れてしまっているのであれば、少しずつ解きほぐしていきましょう。

こうした関わりを通して、子どもたちは自分の考えや行動を大切にすると同時に、自らの成長を実感することができます。子どもたちのそんな瞬間をたくさんつくっていきたいものです。

14

一緒に考える

子どもたちに問いかけたからといって、何でもすぐに自分（たち）でできるようになるわけではありません。自分（たち）だけでは、

- わからないこと
- 考えられないこと
- 行動できないこと

もあります。それにもかかわらず、「問いかけて終わり」にしてしまうと、その「問いかけ」は子どもたちにとって負担になってしまいます。

そうではなくて、「子どもたちと一緒に考える」ことが大切です。例えば、先述した次のような問いかけをした際、どのように一緒に考えればよいでしょうか。

「忘れ物を減らすためには、どんな工夫をすればいいかな？」

もちろん、やる気や気合いで忘れ物を減らすことができるわけではありません。だからこ

そ、自分なりに「工夫」を考えることは大事になってきます。ただ、「工夫」を考えることができる子ばかりではありません。その「工夫」が全く思い浮かばない子もいます。それにもかかわらず、「工夫を考えましょう」で終わってしまっては、その子は置いてきぼりになってしまいます。

そこで、次のような問いかけをします。

「どんな方法があるか一緒に考えてみようか?」
「私は昔、メモ帳に書いて、ランドセルに貼っておいたことがあるけど、どう思う?」
「他の人が工夫しているのを見たことはある?」
「まず、どんなことならできそう?」

……と、あくまでも考える主体は子どもたちにしつつ、「教師も一緒に考える」という姿勢を見せます。**一緒に悩み、一緒に考える過程を通じて、子どもたちは教師の働きかけから様々な視点を得たり、考えたりすることができるようになります。**

もし、その子にとって考える土台がなければ、

「『メモ帳に書く』と『机を整理する』のは、どっちがよさそう？」
「『メモ帳に書く』と『机を整理する』のは、どっちならできそう？」
「『メモ帳に書く』と『机を整理する』のは、どっちをやってみたい？」

と問いかければ、その選択肢をもとに自分なりに行動を決められるでしょう。右に紹介した問いかけの前半部分は変わりませんが、語尾を少し変えるだけで子どもたちが考えられることは変わります。状況に応じて、よりよい問いかけを選んでください。

子どもたちと「一緒に考える」ことを大切にしていれば、「問いかけて終わり」にはなりません。もし、「問いかけて終わり」「問いかけたけど、うまくいかないからやめた」となってしまっていれば、ぜひ「一緒に考える」ことを意識してみるとよいでしょう。

そうすれば、「問いかける」ことの本当の大切さを理解できるようになります。子どもたち一人ひとりが成長する過程を支えるための「問いかける」が、できるようになりたいものです。

15

自分で考えて行動していることを見つけて価値づける

子どもたちに「自分（たち）で考えて行動できるようになってほしい」と思っていると、ついつい次のようなことばかりが気になってしまうかもしれません。

- 受け身になってしまっている
- 言われないとできない
- 自分（たち）で考えて行動しない
- やる気がない

教師の願いが強くなるあまり、「できていないこと」ばかりが目についてしまいます。しかし、本当にそんな姿ばかりではないでしょう。実際には、子どもたちが「自分（たち）で考えて行動している」ことがたくさんあるはずです。その細かい姿をしっかりと見つけて、価値づけるようにします。

例えば、

- 授業が始まる前に準備をしている

- 「いただきます」の前に、日直の方を見ている
- 係で工夫して活動している
- みんなに宿題のノートを配っている
- ゴミ箱のまわりにある細かなほこりもほうきで集めている

このように、いろいろな「自分（たち）で考えて行動する」姿が見られるでしょう。全員ではないかもしれませんし、教師の願っているようなレベルには達していないかもしれませんが、それで構いません。

こうした子どもたちが自分（たち）で考えて行動している姿を見つけ、それらを価値づけたり、認めたりすることで、**子どもたちはそのような自分（たち）の行動を大事にする**ようになります。

「おっ、もう既に授業の準備ができているんだね」
「自分で考えて『準備しよう』と思って行動できているのが素敵だなぁ」
「『授業を始めよう』と考えて行動できているね」

「チャイムと同時に授業が始められると気持ちいいね」
「言われなくても準備できているのはどうして?」

……など、「授業が始まる前に準備をしている」という状況だけでも、いろいろな声かけが考えられるでしょう。決して「褒めてコントロールしよう」とするのではありません。子どもたち自身が、**こうした自身の行動に価値を感じられるように価値づけしたり認めたりします。**

4年生にもなると、これまでの経験を通して、自分(たち)で判断できることが増えてきます。いろいろと「やってみたい」「やってみよう」と考えて行動していることもたくさんあるでしょう。これらの姿を認め、広げていくことで、子どもたち同士で支え合い、学び合うことができます。

こうした場づくりを通して、子どもたちは自分の行動に自信を持ってさらに成長していくことができるでしょう。そんな子どもたちの成長を見守り、支えていくことを大事にしたいものです。

16

大事なことはきちんと伝える

子どもたちに「任せたい」ことや「自分（たち）で考えられるようにしたい」ことが多いため、あえて「言わない」「見守る」ことがたくさんあるかもしれません。

しかし、教師としてきちんと伝えたいことは、しっかりと持っておくべきです。何も伝えずに「任せればいい」わけではありません。4年生とはいえ、やはり子どもです。ただ「任せるだけ」では、時には状況が悪化してしまうこともあります。

- 怪我、命、人権に関わることは伝える
- 伝えておきたい「願い」があれば伝える
- 子どもたちが見えていない「見通し」は伝える

……と、何を大事にするかを明確にすることが重要です。**教師として伝えるべきことがあれば、それはしっかりと伝えましょう。**

後になって、「これは言わなくてもよかった」「違う言い方をすればよかった」と思うことがあるかもしれません。しかし、何も言わず何もしないよりは、伝える方がよいです。「これは大事だ」と思うこと、「伝えたい」と感じることは、ためらわずに伝えるべきです。

17

「できること」を増やせるようにする

子どもたちの成長とは、「いきなり何かが、すべてできるようになる」というわけではありません。教師が指導や支援をし続ける過程で、少しずつできるようになっていくことが増えていきます。だからこそ、**どのように「できること」が増えていったかをしっかりと見つけていく**必要があります。

例えば、次のような「できるようになったこと」があるでしょう。

- 一日のうちで、一回だけでも隣の人に質問できるようになった
- 給食当番の準備開始がいつもより少しだけ早くなった
- 宿題を忘れたことを自分で伝えられるようになった

……と、細かな「できたこと」「できるようになったこと」が増えていることを見つけられれば、その成長を実感することができます。

それを子どもたちに伝えれば、子どもたち自身も「確かに、少しずつ成長しているんだ」ということを実感し、次の歩みへと進んでいくことができるでしょう。「できること」を少しずつ増やしていく過程を支えていきたいものです。

18

選択肢を用意して選べるようにする

4年生だからこそ、子どもたち自身が「決める」「考える」ということを増やしていきたいものです。しかし、前述しましたが、子どもたちにも考えられないことがあります。考えるのが難しい状況で「考えましょう」と問いかけても、子どもたちはプレッシャーを感じ、どんどんつらくなってしまいます。だからこそ、最初は選択肢を用意してあげるとよいでしょう。例えば、宿題がうまく取り組めない子について、

①紙に目標を書いて、それを帰ったらすぐに見てみる
②ひとまず得意な計算スキルだけ取り組んでみる
③おうちの人と「取り組む時間」を決めてみる

と選択肢をつくることで、子どもたちはその中から自分に合うことを選ぶことができます。子どもたちが考えられないからと言って、行動の選択肢を一つに絞り、それを強いるだけではうまくいかないでしょう。それよりも、**「自分で選んだ」という経験があると、その行動に対する目的意識が高まります。**選択肢をたくさん用意しながら、少しずつ「自分なりに考える」という習慣をつけていきたいものです。

19

チャレンジできる場を用意する

教室内に子どもたちがチャレンジできる環境がたくさん用意されているでしょうか。教師による「決められた枠」がありすぎて、その中で行動するだけでは、子どもたちは本当の意味でチャレンジすることができません。**子どもたちが試行錯誤できる機会や余裕をつくっておきたい**ものです。

例えば、

- 係活動改善プロジェクト
- 宿題選択チャレンジ

……などの場を用意することで、多くのチャレンジする機会をつくることができるでしょう。もちろん、最初は教師がしっかりと場を整え、指導していく必要があります。子どもたちに任せられない部分については、教師が主導しても構いません。

しかし、チャレンジできる内容については、子どもたちが自ら取り組めるような場をつくっていけるとよいでしょう。その中で、子どもたちは少しずつできることや考える力を増やしていくことができます。

20

その子なりに「めあて」を持てるようにする

子どもたちが試行錯誤したり、チャレンジしたりする場面をつくるとき、「何となく行動する」で進めてしまうとうまくいきません。そうならないためにも、子どもたち一人ひとりが自分なりの「めあて」を持てるようにすることが必要です。そのために、「めあて」を持てるような問いかけをしたり、「めあて」を考える時間をつくったりします。

例えば、

「この活動で何を達成したい？」
「どんなことが実現すれば嬉しい？」

……といった問いかけを通じて、子どもたちは自分なりの「めあて」を見つけていくことができるでしょう。活動する「めあて」があれば、子どもたちはそれに向かって進んでいけるようになります。

教師としては、**その「めあて」を把握した上で、子どもたちの成長を支援していく**ようにします。子どもたち一人ひとりが向かおうとしているところ（めあて）に、一緒になって進んでいきたいものです。

21

振り返って次に進めるようにする

子どもたちが自分（たち）で考えて行動している際に、それらすべてがうまくいくわけではありません。頑張っているけどうまくいかないことだって起こります。だからこそ、きちんと振り返る機会をつくります。

大人でもうまくいかないことがあれば振り返るでしょう。教師としての日々はもちろん、習い事や趣味などでも振り返る機会があるはずです。その際、

- うまくいったこととその理由
- うまくいかなかったこととその理由
- そのときの自分の感情
- 今気になっていること
- これからどうしていきたいか

……などを振り返るからこそ、次に向けた自身の具体的な行動を見つけることができます。

それは子どもたちも同じです。**メタ認知力が伸びる4年生であれば、こうした子どもたちの振り返る機会を大切にしたい**ものです。

子どもたちの気になる行動やうまくいかない行動を見つけた際、すぐに先生が、

「次は○○をしましょう」

「△△をしないといけませんね」

と指示してしまうと、子どもたちは次第に考えなくなってしまいます。特に4年生ともなると、先生の指示に対して鬱陶しく感じる子も出てくるでしょう。だからこそ、子どもたち自身がきちんと自分のことを振り返られるようにすることが重要です。そうすれば、自分の行動を見直し、次にどうするかを自分で見つけることができます。

4年生の子どもたちに、一年間の最後に「振り返ることのよさ」「振り返ることができるようになるために」ということについて聞いてみたことがあります。その際、ある子が次のように自分の考えを書いていました。なかなか面白かったです。

振り返りは、最初は誰でも上手に書けるわけではありません。振り返りは、自分がしたことを振り返り、「本当にこの行動はやってよかったのかな?」「今回はできなかった

けれど、○○をしてできるようになりたい！」と次につなげるアイテムのようなものです。

私が、振り返りができるようになったわけは、自分が今日やったことをすべて思い出してみることから始まりました。今日自分がしたことを思い出すことで、「これはうまくいったな。もっとよくするには……」と、自分がした行動がよかったのであれば、もっとよくする方法を考えて、あるいは「こんなことしなきゃよかった。こんなことしないためには……」と、〔できなかった〕ことを〔できなかった〕にすることも大事です。だって、それを考えることで自分のダメだと思った行動の真因がわかるからです。

もちろん、最初はうまく振り返ることができない子がいるかもしれませんが、それで構いません。子どもたちが、少しずつ振り返ることができるようになることを支えていきましょう。振り返りの時間を設けたり、問いかけたりして、**子どもたちが自分の行動を客観的に見つめ直す機会をつくります。**子どもたち一人ひとりのすべてを教師が見取ることは難しいですが、その分子どもたち自身が自分のことを自分で見ていけるように支援していきたいものです。

22

少しの成長を見つけてフィードバックする

低学年の頃は、「うまく発表できるようになる」「ひらがなが書けるようになる」と、その成長が非常にわかりやすいです。そのため、保護者や教師もその成長を実感しやすくなります。しかし、4年生になると、そのような目に見える大きな成長は少なくなり、成長の変化が見えにくくなってしまいます。

成長がわかりやすい場合、その点を褒めたり認めたりして励ますことができますが、小さな成長は見つけにくいことが多いです。それでも、小さな成長を見逃さずに声かけすることが重要です。

- 以前よりも集中力が続くようになった
- 自分から進んで宿題に取り組む姿勢が増えた

……など、小さな変化や成長にも注目することが必要です。

こうした小さな成長を見つける習慣を教師が身に付けると、**子どもたちも自分の小さな成長に気づくことができ、自信を持つきっかけにつながります。**自分で自分自身の成長を実感することで、さらに意欲を持って取り組むことができるようになります。

23

様々な物事の目的や意味を考えられるようにする

学級内で行われている活動や決まりごとについて、子どもたちはその目的や意味を十分に理解しないままでいることが多いです。そこで、そもそもの目的や意味について、きちんと考えられるようにすることが非常に大切です。

例えば、

- なぜ名札をつけるのか
- 宿題は何のためにあるのか
- 授業間の五分間はどのような時間なのか
- 学校のきまりは何のためにあるのか
- 「話を聴く」とはどういうことか
- 学級目標は何のためにあるのか
- 日直はどんな役割を果たしているのか

……など、教師がこれらの問いかけを行うことで、子どもたちはそれぞれの活動や物事の目的や意味などについて深く考えられるようになります。読者の皆さんは、これらの問いかけについてどのようにお考えになるでしょうか。
これら一つ一つの物事について、単に、

- 先生が言うから
- 決まっているから
- 当たり前のことだから
- みんなやっていることだから

という理由だけでは、

- 守りたくない
- 面倒くさい
- おかしい
- 意味がわからない
- やる気が出ない

と感じてしまう子もいます。特に4年生になると、より一層そのようなことを感じたり考えたりする子が出てくるのは当然のことです。こうした子どもたちに対して、

「守らせよう」
「理解させよう」

とするだけでは、教師も子どもたちもどちらもしんどくなってしまいます。

そこで、**自分たちで目的や意味を考えられるような機会をつくること**が必要になってきます。そうすることで、一つ一つの物事に対する自分なりの意味や目的を見つけていくことができるはずです。

また、その過程で、もし目的や意味がわからないことがあれば、共に考え直し、再発見することができます。こんな習慣をつけられるようにすることで、子どもたちはより主体的に学級活動や学校生活に取り組むことができるようになるでしょう。

24

自分で工夫できる宿題にする

もし、先述した「宿題って何のためにあるの？」を子どもたちと一緒に考えれば、子どもたちから次のような意見が出てくるでしょう。

- 自分のわからないことをわかるようにするため
- 授業時間だけではできないことをするため
- 自分の興味があることを広げていくため

子どもたちが「宿題」について感じていることや考えていることが表出されて、面白いです。こうした機会を通して、**子どもたち自身が宿題の意味や目的について考えることができます。**

その上で、子どもたちが考えた「宿題の目的」に沿うような宿題ができるような環境をつくりたいものです。子どもたちが宿題の目的を考えられたにもかかわらず、「先生に決められた宿題をするだけ」では、子どもたちも楽しくないでしょう。4年生ともなれば、これまでに経験してきたことをもとにして、自分にとってよりよい宿題を見つけることができるはずです。

・漢字練習は、むやみやたらに書き続けるのではなく、いろいろな熟語を書いてみる
・計算問題に時間がかかってしまうから、「五問」と決めて集中して取り組む
・音楽とか体育も宿題として家で学習してみたい
・金曜日は習い事が忙しいから、その分を月〜木に回したい
・自分にとってちょうどいい宿題の量を見つけてみたい

……など、**「やってみたい」「こうすればうまくいくかも」といったことをもとにして、自分なりに工夫してみることができるようにしたい**ものです。

たとえ最初からうまくいかなくても構いません。むしろ最初はうまくいかなくて当然です。

・一生懸命宿題をやろうと思っていたけど、途中でやる気がなくなった
・自分なりに工夫してやっていても、結果が出なかった

ということになれば、それはまた貴重な経験です。「できなかったからダメ」「やっぱり先生が主導しないと」となればもったいない話です。

もちろん、必要に応じて先生が指導や支援を行うことは大切です。「子どもが決めることが大事だから」「子どもが工夫しているから」と「任せて終わり」にしてはいけません。「できていないのが悪い」と自己責任にもしたくないものです。

うまくいかないときには一緒に振り返るようにします。そうすることで、また新たな工夫を見つけることができます。

- ずっと同じことばかりやっていたら飽きるから、時間ごとに区切ろう
- 途中でミニテストに取り組んでみて、「わかっているか」を把握できるようにしよう

このように試行錯誤していくことができれば、「先生が言うから」ではなくなります。本来の宿題の目的に沿った宿題に取り組むことができるようになるでしょう。毎日ある宿題だからこそ、子どもたちにとってよりよいものにしたいです。

25

簡単な会話の場をつくる

新しい学級になったばかりの頃は、お互いにまだ関係性が築かれていないことが多いです。最初に自己紹介を行う学級も多いようですが、多くの人の前で自己紹介をするのは簡単なことではありません。そのため、まずは自然な会話の場を多くつくるようにします。

例えば先生が、

「一番好きなお菓子って何？」
「学校で一番落ち着く場所ってどこ？」

といった話題を出すと、子どもたちは話しやすくなります。子どもたちにとって、話しやすい話題を見つけましょう。そのような話題をもとに会話できる場づくりをすることで、子どもたちは自然と関われるようになります。

「自分のことを話す」「相手のことを聞く」ことで、子どもたちの間に少しずつ関係性が築かれていきます。このような自然な会話の場を大事にすることが、学級をよりよいものにしていきます。難しいことを考えるよりも、まずは気軽な話題で子どもたちが互いに親しみを感じられるようにしましょう。

26

遊びでつなぐ

遊びは、子どもたちを自然に結びつけることができます。子どもたちが興味を持つ遊びを考え、その遊びを通じて様々な人が一緒に楽しめる機会をつくっていきましょう。

その際、**ある特定の遊びだけを強制することは避けたい**ものです。すべての子どもがその遊びを好むわけではないからです。気づいたらドッジボールばかりしている、というのは考えものです。教室内でできる遊びもあれば、運動場でできる遊びもあります。**様々な選択肢を用意する**ようにしましょう。

子どもたちが「一緒に遊ぶ」ことで、自然とお互いの距離が近づいていきます。教室内で授業中等にペアやグループで話す際には、どこかに壁ができることもありますが、遊びの中ではその壁が取り除かれやすいです。遊びを通じて自然に会話が生まれ、一緒に問題を解決したり、目標に向かって協力したりすることができます。

例えば、運動場での遊びでは、子どもたちはチームワークを学び、協力しながら目標を達成する喜びを味わえます。また、教室内での遊びでは、静かな環境の中でじっくりと考える力を養うことができます。こうした活動を通じて、子どもたちがお互いのよい面を発見し、信頼関係を築いていけるようにします。「楽しむ」を大事にしながら、互いの関係性を築いていきたいものです。

27

「知らないふり」をして子どもたち同士をつなぐ

子どもたちには、わからないことがあれば、「質問できる」ようになってほしいです。そんな中、もし子どもたちから質問があった場合、教師として無視するわけにはいきません。しかし、場合によっては、他の子どもの方が詳しかったり、答えられたりする内容の質問があります。そんなときには、さりげなく他の子どもにつなぐような声かけをするようにします。

例えば、「この問題について、他の人がわかるかもしれないから、ちょっと聞いてみるといいかもしれないよ」と声をかけることで、子どもたちはそのアドバイスをもとに他の子に質問しに行きます。これによって、子ども同士のやり取りが生まれ、自然とつながりが深まっていきます。

教師がこのような環境をつくることで、**子どもたちは質問することの大切さを学び、同時に自分たちで解決策を見つける力を養う**ことができます。また、互いに助け合うことで信頼関係が築かれ、クラス全体の雰囲気もよくなります。決して、常に教師が質問に答える必要はありません。

さらに、他の子どもに質問をすることで、教える側の子どもも自信を持つことができ、リーダーシップや説明する力が身に付きます。これは子どもたちにとって非常に貴重な経験となります。学びの場としても生かされるでしょう。

係活動の目的？

皆さんは、係活動が必要だと思っていますか。

- 自分が小学生のときに経験したから
- 教育書に「係活動」と載っていたから
- 隣の学級の先生が「係活動」をしていたから

という理由で、何となく係活動をしていませんか。もし、係活動の目的を明確にしていないまま実施している場合、それは子どもたちにとっても先生にとってもしんどいものとなります。

係活動の目的は何でしょうか。ぜひ、学習指導要領解説「特別活動編」なども参考にしながら、自分なりに目的を考えてみてください。例えば、

「学級の雰囲気を明るくし、子どもたちの協力や責任感を育む」

ことが目的であれば、それに応じた係活動を考える必要があります。このような目的をきち

んと理解し、それを子どもたちに伝えたり、一緒に考えたりします。**目的が明確であれば、子どもたちも活動に対して積極的に取り組むことができます。**

例えば、「学級の笑顔を大切にし、笑顔をつくる」ことが目的であれば、そのためにどのような係活動が必要かを子どもたちと一緒に考えなければいけません。

- みんなが楽しむ時間があった方がいいから「遊び係」があったら嬉しい
- みんなが楽しめる映像を流したいから「動画係」をつくろう
- みんながわからない問題を解説するような「解説動画係」があってもいいかも

……と、係活動の目的をもとに、子どもたちと共に考えられるようにします。学期ごとに係活動を決め直している学級もあるようですが、年度当初に決めた係を一年間かけて活動してもいいでしょう。途中で解散や変更することもありえます。

また、係活動を進めると、「うまくいかないこと」も出てくるでしょう。

- みんなで楽しむ時間をつくろうと思ったのに、全然楽しい時間をつくれない

- 一部の子の意見ばかりが採用されて、不満を持つ子が出てくる
- ほとんど活動に参加しようとしない子がいる
- 最初に集まったとき以外、全然活動が行われていない

……など、本当にいろいろな「うまくいかないこと」が出てきます。それらに対して、教師が「ちゃんとしないとダメだよ」「○○だからうまくいかないんだ」と、直接指導してもうまくいきません。それよりも、次のように問いかけながら、子どもたち自身が解決策を考えられるようにするといいでしょう。

「どうすればうまくいくだろう？」
「次はどんなことにチャレンジする？」

こうした関わりをすることで、子どもたちは「よりよい係活動」に向けて試行錯誤するようになります。そうなると、係活動は、子どもたち一人ひとりの成長や絆を深めるための重要な取り組みとなるでしょう。

29

給食当番をよくするために

給食当番については、初任の頃から多くの悩みを抱えてきました。

- 一部の子が給食当番にきちんと取り組もうとしない
- ダラダラ着替えるので、すぐに給食当番の活動が始まらない
- しっかりと給食の時間を確保したいのに、配膳がなかなか終わらない
- 最後に大きなおかずが余ってしまう
- 給食を運ぶおぼんをこぼしてしまう

皆さんの学級でも「うまくいっていない」ということがあるのではないでしょうか。給食開始に向けて、様々なことを準備したけれど、うまくいかないことが多くて困っている先生もいるかもしれません。

しかし、私たちが悩む「給食当番」について、実際のところ、子どもたちはどのように感じているのでしょうか。教師がどんなに給食当番の仕組みを工夫しても、**子どもたちがその仕組みを大切だと思わず、よりよくしようと考えなければ意味がありません。**結果として、教師も子どもたちも、どちらもしんどくなってしまいます。

給食当番の仕組みについてあれこれ悩んでいたとき、実際に子どもたちに「給食当番について どう考えている?」と聞いたことがあります。すると、

「あまり何も考えていない」

「頑張らないといけないことはわかっているけど……」

「実際あまりうまくいっていないよね」

「誰かに任せっきりになっていたかもしれない」

と、いろいろな意見が出ました。素直に「あまり何も考えていない」と表現する子もいて面白かったです。子どもたちと私との間にいろいろなズレが起こっていたのだなと実感しました。「何も考えていない」子がいるにもかかわらず、私があれこれ厳しく指導し続けてもうまくいくはずがありません。

結局のところ、係活動と同じく**「目的が大事」**です。単に「これまでと同じように進めればよい」とはしない方がいいです。子どもたちと給食当番の目的を共有した上で、「よりよい給食当番の在り方」を子どもたちと一緒に試行錯誤しながら見つけていくことが大切です。

教師には考えられないような新しい仕組みが生まれるかもしれません。

- 早く着替えられた子から大おかず等の役割を選べるようにする
- 「大おかず」や「配り」などの役割を専門制にする
- 助っ人役をつくって、困っているところをサポートできるようにする
- 給食用の机の形にして配りやすくする

こうした工夫を取り入れることで、子どもたち自身が給食当番に対して前向きに取り組むようになります。教師が一方的にルールを決めて押し付けるのではなく、子どもたちと一緒に考え、よりよい方法を見つけていくからこそ、**給食当番がただの「作業」ではなく、「学び」の場へと変わっていく**ことでしょう。

子どもたちと一緒に、給食当番の在り方をよりよいものにするための試行錯誤を続けていくことが、教師としての役割であり、子どもたちの成長を支えるために必要な一歩です。「一緒に」を楽しんでいきましょう。

30

掃除当番の目的を考える

「掃除当番があるから掃除をしなければならない」だけでは、サボってしまう子も出てくるでしょう。そこで、子どもたちに、

「掃除の目的は何だろう？」

「掃除をすると、どんなよいことがあるのだろう？」


と問いかけながら、**掃除の必要性や目的について考える機会をつくります。**

また、「どのように掃除をすればよいか」についても、子どもたち自身が計画を立てられるようにもします。こうした指導や支援を行うことにより、子どもたちにとって意義のある充実した掃除の時間をつくることができます。

もちろん、うまくいかずに悩むこともあるかもしれませんが、そうしたときにも成長を支えられるようにしたいものです。単に「やらせる」「頑張らせる」だけでは、うまくいきません。子どもたちはいろいろな場所の掃除を担当しています。すべての掃除の場面に立ち会うことができないからこそ、子どもたちが自主的にやり遂げられる環境をつくっていきましょう。

31

「めあて」と「振り返り」を大事にする

何のためにするんだろう？

掃除でも給食当番でも、大切なのは、子どもたち自身がその活動に対して「目的を持っているかどうか」です。単に「グループで頑張れ」や「仕事だから」としてしまっては、うまくいきません。子どもたちが、

- 自分たちの生活をよりよくしたい
- 自分たちにとって必要な活動だ

と感じられれば、その中で自分の役割を理解して活動したり、うまくいかないときに改善したりすることができるようになります。これは、先生のためではなく、**子どもたち自身の毎日のために行われるものだからこそ、活動の「めあて」をしっかりと持てるようにすること**が重要です。

例えば、「掃除当番」に注目します。子どもたちと一緒に、

- 掃除を通してどんなことを大事にしたいか
- 何のために掃除をするのか

といった、掃除の目的や「めあて」を持てるようにします。「本来、掃除には○○といった意味があり……」ということを子どもたちに押し付けたり、無理に理解させようとしたりするのではありません。子どもたち自身が、掃除を通してどのようなことを大事にしたいのかという「めあて」を持てるようにします。

また、子どもたち一人ひとりが細かな「めあて」を持てるようにします。

- 時間の最後まで掃除をやりきれるようになりたい
- 教室の隅など、目立たないところを掃除できるようにしたい
- 他の人にも声をかけながら、みんなで掃除ができるようにしたい
- ほうきだけでなく、きちんと雑巾にも取り組みたい
- どの掃除場所よりもピカピカになるようにしたい
- 掃除が終わってから「気持ちよかった」と思えるようにしたい

……など、子どもたちによって「めあて」は異なるでしょう。こうした「めあて」を持って掃除をする姿を支えたいものです。

また、**「振り返り」の機会をつくることで、子どもたち自身が次に向けての行動や考えを表現できるようになります。**事前に「めあて」を持っているからこそ、振り返ることができます。うまくいかないときこそ、子どもたち自身が振り返ることが大切です。

- 最後三分でだらけてしまったから、そこで新たな仕事を見つけられるようにしよう
- サボっている人を見ても声をかけられなかったから、○○さんと一緒に声をかけられるようにしよう
- やりきれていないところがあったからモヤモヤしたので、時間内にきちんと全部終われるようにしよう

こうして振り返ることで、「その活動をよりよくするために大事なこと」「まわりの人と一緒に取り組む活動において大切なこと」を見つけていくでしょう。教師として、子どもたち一人ひとりのそんな過程を支えるようにしたいものです。

32

目的を持った席替え

皆さんは、小学生のときに席替えをすることが好きでしたか？

- 席替えが楽しみだった
- 席が変わることや環境が変わることがあまり好きではなかった
- 席替えの移動後に「えー」と言われるのが嫌だった

という人もいるかもしれません。子どもたちも席替えに対して様々な思いを持っています。「早く席替えがしたい」と思う子もいれば、そうでない子もいます。だからこそ、**先生が席替えの目的をしっかりと持っておかなくてはいけません。**

「子どもたちが様々な人と関われるようにする」「席を替えることで、環境の変化をもたらす」と、目的を持つことができれば、子どもたちとその席替えを大事にすることができます。

くじ引き、先生が決める……と、席替えをする方法はたくさんあります。最近では、アプリを使って席替えをする方もいるでしょう。方法は何でも構いません。目的に合わせて、子どもたちにとって必要な「席替え」を行いたいものです。

33

議論できる場をつくる

前述しましたが、最初は「会話」を大事にしますが、少しずつ目的を持って一緒に解決策を考えるような「議論」ができるようにします。例えば、

- 係活動をよりよくする
- 当番の目標を決める
- 学級のきまりを見つめ直す

など、議論できるような場面はたくさんあります。

ただ、「議論しましょう」と言えば、子どもたちは議論するようになるわけではありません。子どもたちにとって、**真に議論する価値のある話題だからこそ、議論しながら大切なことを見つけていけるようになります。**子どもたちの様子を見ながら、議論に値する話題を見つけていきます。

子どもたちが「自分たちの日常をよりよくしたい」という意識を持って活動し、他者と共に考えながら重要なことを見つけていく過程を重視したいものです。この過程を通じて、子どもたちが協働して問題を解決する力を育むことができます。

34

共に取り組むことのよさを価値づける

学校では、係活動、班活動、当番活動など、子どもたちが協働して物事に取り組む場面をつくっていると思います。これらの活動を通じて、子どもたちが、

- 楽しかった、面白かった
- 自分（たち）にとって意味があった

と感じられれば、さらにこうした活動を大切にするようになるでしょう。

もし、子どもたちだけではその価値を見つけられない場合、**教師が子どもたちの活動中の変化や成長について価値づけるようにすることで、子どもたちも少しずつその価値を感じ始める**ようになります。

最終的には、子どもたち自身が「他者と共に取り組むことのよさを感じられる」ことが重要です。そうなれば、教師が活動の場を用意しなくても、子どもたちは自然と「他者と共に取り組む」ようになるでしょう。教師がいつまでも「一緒にしましょう」という場をつくり続けるわけにはいきません。

35

一人で取り組むことも大事にできるようにする

「子どもたちの協働性を育てたい」からといって、何でも「一緒に取り組ませる」ことがよいわけではありません。子どもたち自身が、

「何かうまくいかないことがあったり、問題を解決したいと考えたりするときに、他者と共に考えたり行動したりすることが大切だ」

と感じれば、自然と「協働する」ことを選択するようになるでしょう。しかし、いつもそれがよいとは限りません。一人でじっくり考えたい、活動したいときもあります。そのようなときには、そんな時間を確保できるようにしたいものです。

一人の時間があるからこそ、様々なアイデアが生まれたり、考えが広がったりして、**再び他者と協働することができるようになる**のです。ただし、一人でじっくり取り組むことが「孤独」にならないように注意しなければいけません。

自律性を育てることと協働性を育てることは密接に関係していて、そのどちらも重要です。子どもたちがこれらをバランスよく経験できるようにすることで、より豊かな学びが実現するでしょう。

36

「みんなで」「みんな一緒に」「みんな仲良し」を押し付けない

学級づくりにおいて、学級全体の団結力を高めたり、楽しい時間を共有したりして、

「子どもたちがみんな仲良くなってほしい」
「いい学級にしたい」

と願う先生は多いでしょう。教師として、学級全体のことを考えるのはとてもよいことですが、一方で子どもたちに、

- みんなで何かをする
- みんな一緒に
- みんな仲良し

を押し付けるのは注意が必要です。

学級には子どもたち一人ひとりの思いや願いがあり、それぞれが大切にしたい過ごし方がありますす。だからこそ、「みんな」という一括りでまとめるのではなく、子どもたち一人ひ

とりに目を向けなくてはいけません。**一人ひとりの気持ちや考えを尊重することで、「みんなで」や「みんな一緒に」という考えに偏ることなく、子どもたちにとって居心地のよい学級をつくる**ことができるでしょう。

なかには、「みんな」という同調圧力に苦しむ子だっているかもしれません。そのことを教師として決して忘れてはいけません。もしかすると、小学生のときに、

- みんなで何かに取り組んだこと
- みんな一緒に頑張ったこと

などがよい経験として残っている先生もいるかもしれません。しかし、それは「その先生にとってのよい経験」であり、すべての子どもたちに当てはまるわけではありません。この違いを理解することで、学級づくりの在り方が大きく変わるでしょう。

また、子どもたちのケンカやグループ化に対する指導についても同様の配慮が必要です。4年生になっても子どもたちはケンカをします。低学年の頃の単純なケンカとは異なり、その質は複雑になっていきます。

また、自然なこととして、子どもたちの間でグループ化も起こります。これは私たち大人においても同様で、誰もが同じグループに属するわけではありませんし、ケンカもしないというわけではありません。「ケンカしない」「みんな仲良し」なんて理想は現実的ではありません。

もし、ケンカやグループ化の問題を単純に、

- 「ごめんね」「いいよ」で仲直りさせる
- グループ化を解体しようとする
- 「みんな仲良く」を求める

といった指導で終わらせてしまうと、子どもたちは不満や不信感を抱くことになります。大人でも、誰かにこうした対応をされたら「ん？」と思うことでしょう。それは子どもたちも同じです。**「子ども」扱いして、強引な解決や団結を求めてはいけません。**

教師の偏った価値観だけを押し付けず、子どもたち一人ひとりが過ごす「学級」を、子どもたちと共につくっていきましょう。

37

家庭訪問で「その子のよさ」を知る

四月には家庭訪問を行う学校が多いと思います。この機会には、

- **その子のよさ**
- **その子が頑張っていること**

を聞いていきましょう。

新学期の引き継ぎや数日間の観察だけでは、「その子のよさ」を十分に知ることは難しいです。しかし、保護者はその子とずっと一緒に過ごしてきており、その子のことをよく理解しています。だからこそ、**保護者から見た「その子のよさ」をしっかりと知ること**が重要です。そこには、学校や教室では見られない一面があるかもしれません。

また、保護者がその子をどのように捉えているかを知ることで、保護者と共に「その子のよさ」を大切にすることができます。「その子の課題」を解決することも必要ですが、まずは「その子のよさ」を共有します。これにより、子どもたちが自信を持って成長できる環境を整えることができるでしょう。家庭訪問を通じて、「その子のよさ」を共に発見し育んでいけるようにしたいものです。

38

家庭訪問で「悩んでいること」を聞く

家庭訪問では、「その子のよさ」や頑張っているところだけでなく、保護者が悩んでいることも聞くように心がけましょう。その悩みが、こちらの見えている課題と重なることもあれば、異なる場合もあるでしょう。悩みの内容は、小さい頃から抱えているものかもしれませんし、発達段階や年齢に伴って新たに生まれたものかもしれません。

四月の段階で保護者が、

- **何を願っているのか**
- **どのような悩みを抱えているのか**

を知ることで、これからどのようにその子を共に支えていくかを考えることができるでしょう。悩みを打ち明けることで、担任に対する信頼感が生まれることも期待できます。

こうした悩みについては、家庭訪問や懇談会に限らず、日常的に一緒に考えていく機会をたくさんつくるようにします。**保護者の悩みが少しずつ解消されることが、その子の成長にもつながります。**悩みが尽きることはありませんが、「共に考えてくれる人がいる」だけで保護者は安心して「悩み」とともに過ごすことができます。

39

保護者の懇談会では方針を丁寧に伝える

年度当初に学級懇談会がある場合、そこで「大切にしたいこと」を保護者にしっかりと伝えていきましょう。

例えば、4年生になり、「子どもたちが自分たちでできることを増やしていけるようにしたい」と考えているのであれば、その意図を具体的に説明します。「子どもたちに問いかける」「試行錯誤を支える」「声をかけるタイミングを見計らいながら進める」などを伝えておくとよいでしょう。

低学年では、先生が丁寧に見守り、指導や支援をすることが多かったかもしれません。しかし、4年生では少し違った関わり方をすることになります。保護者から見ると、これまでと比べて物足りなさを感じることもあるでしょう。

もし、先生の方針が伝わっていなければ、保護者は不信感を抱くかもしれません。しかし、**先生がどのような意図を持っているかをきちんと説明することで、保護者もそれを理解し、一緒になって支えることができる**ようになります。

各家庭には様々な教育方針があります。だからこそ、まずは先生が自分の考えていることをしっかりと伝えられるようにしましょう。学校と家庭が一体となって、子どもたちの成長を支える環境を整えていくのです。

40

学級通信で学級の様子を伝える

学級通信は、子どもたちの日々の様子を保護者に伝えるのに効果的な手段です。

- 紙で手書き
- パソコンで作成
- Web上でブログのように発信

……など、発信方法やその頻度は様々で構いません。**通信を通じて子どもたちの日常の学級での様子や、先生の願いや思いをしっかりと伝える**ことで、保護者が学級の状況をより深く理解することができます。

家での子どもの話や授業参観、個人懇談だけでは、保護者は子どもたちの学校での姿を一面的にしか把握できないことがあります。また、4年生になると、子どもたちも学校で起こっていることを家で話さなくなります。「学校で何が起こっているかわからない」状態だと、不安になる保護者も出てきます。

だからこそ、学級通信を通して、様々な子どもたちの姿を伝えるようにしましょう。

- 学習していること
- 学習で子どもたちが試行錯誤していること
- 宿題の様子
- 遊んでいる様子
- 流行っていること
- 係活動や当番活動の様子
- いろいろなチャレンジ
- 日頃考えていること

……など、いろいろな視点で学級の様子を伝えられるようにします。

これにより、保護者も学級の一員としての意識を持ち、子どもたちの成長を共に支えることができるようになります。完璧でかっこいい学級通信を目指す必要はありません。できる範囲で取り組むことを重視しましょう。

京都教育大学附属桃山小学校　2019年6月11日 火曜日

☆キラリ☆

4年2組学級通信 第39号

4－2のキラリ

算数「1億をこえる数」のテストを返しました。漢字テストと同様、テストを通して自分の学び方をふり返ったり、まだよく分かっていないことに気づいたりすることができます。

テストがゴールだと考えると、そこで全てを評価して落ち込んだり、舞い上がったりしてしまいます。しかし、テストはゴールではありません。今回もテスト後にきちんと学び直しをしたり、「もう一度テストしたい」と伝えてきたりする姿が見られました。

テストに関しては、「問題をよく読む」「細かなミスをなくす」が全体としての課題です。3年生時よりも学習内容が複雑になってきているからこそ大切にしていきたいです。

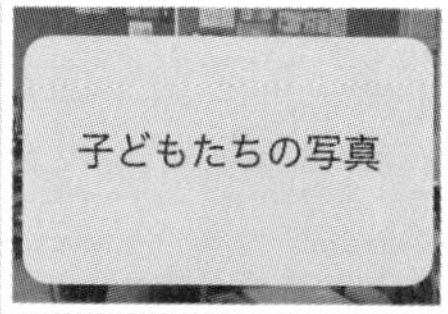

4－2の1日

株式会社[redacted]の[redacted]さん（[redacted]）が参観に来られました。子どもたちの質問にどんどん答えてくださいました。熱く、楽しそうに自分の仕事について話される姿から、子どもたちも私も学ぶことが多かったです。子どもたちには、色んな大人の人に出会ってほしいなと思います。

テストをくり返して

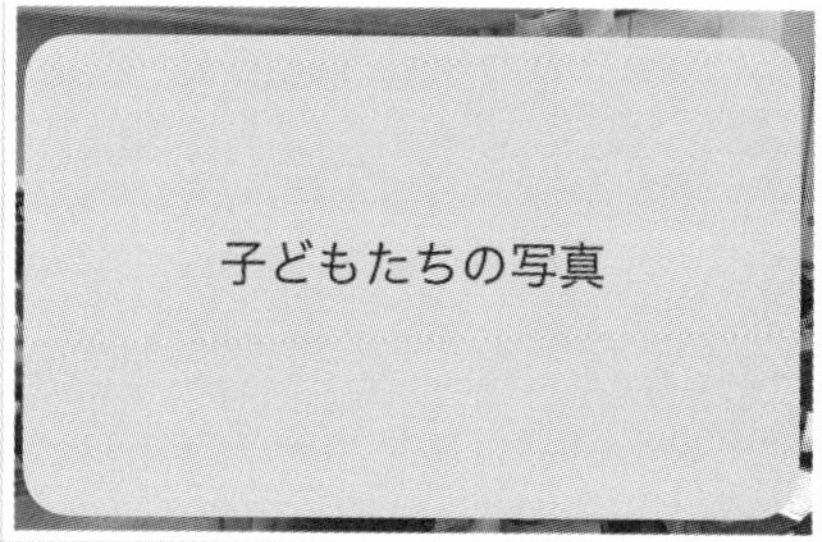

漢字テストをおこないました。毎週、漢字スキル2ページを宿題で取り組んでいるため、少しずつテスト範囲が広がっていきます。（次は⑨が宿題です）自分の取り組み方が良いかどうか、テストを通してふり返ることができます。テスト後に子どもたちにふり返りを聞いてみると、

・漢字スキルに書くだけでは覚えられないから、やっぱりがんばりノートとかに練習した方がよい

・1つの漢字の色んな使い方もいっしょに学んだ方がよい

・ふだんから漢字を書いていくことが大切

・最初の方に取り組んだ漢字を忘れているから、もう一度練習しないと忘れていく

・・といった意見が出てきました。「大切だ」と気づいても、なかなか行動につなげることは難しいですが、こうして何度も何度も意識かすることで、少しずつできることが増えていきます。近くのペアの仲間と「今週は〇〇をがんばる」宣言を行いました。お互いに声をかけ合って、共に学んでいければいいなと思います。

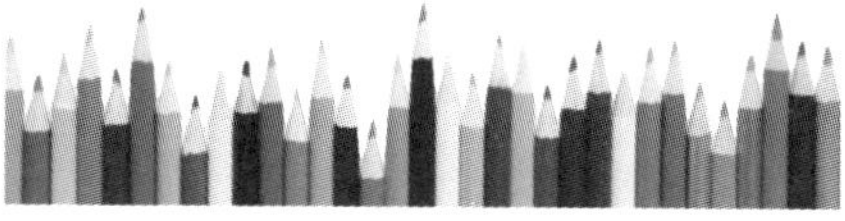

41

保護者との雑談を大事にする

保護者と会える機会は限られているため、その貴重な時間をすべて「大事なことを伝える」に費やしたいと考えるのは自然なことです。もちろん、その子にとって重要な話題を取り上げることは必要です。しかし、保護者との関係をよくするには雑談も効果的です。

- 自分自身の子ども時代の話
- 趣味の話
- 子育てに関する話

……など、一見その子に直接関係ないような話をすることで、教師と保護者の関係性をよりよいものにすることができます。

雑談を通じて、**人と人との関係性がしっかりと築かれると、重要な話もよりスムーズに伝わります。**もちろん、個人の信用を損なうようなことや、教師としての重要な役割を逸脱するような話題は避けるべきです。しかし、気軽に話ができる関係性を築くためには、雑談をうまく取り入れるのは有効です。こうした関係性の構築を楽しむことができれば、保護者とのコミュニケーションもより充実したものになるでしょう。

42

子どもたちの試行錯誤を保護者と一緒に支えられるようにする

「今、○○さんは一生懸命漢字を覚えようとしており、よりよい学習方法を考えています」「△△さんは、係活動で自分たちの活動をよりよいものにしようと試行錯誤しています」

こうした子どもたちの姿を、教師だけが知っているのではなく、保護者にも共有できるようにしましょう。学級通信で伝えたり、個人懇談や電話で報告したりと、様々な方法で伝えられるようにします。

子どもたちが試行錯誤している様子を保護者に伝えることで、保護者も家でアドバイスをくれたり、一緒に考えてくれたりするかもしれません。そして、また次に話す機会には、それぞれが知っている「試行錯誤の過程の様子」を共有することができます。

試行錯誤の過程では、すぐに結果が出るわけではありません。ついつい「できている」「できていない」と結果だけで評価しがちですが、**試行錯誤の過程を一緒に追いかけることで、その子や子どもたちをより深く理解し、さらなる成長を支援することができる**ようになります。

次に紹介する二つの文章は、私が4年生の担任をしていたとき、実際に学級通信に書いた内容です。

4年生になり、これまで以上に「自分たちで学級をよりよくしていこう」という意識が増えてきました。四月当初よりも、一人ひとりの意識が増えてきた分、衝突も出てきます。誰もが「誰かが……」と考えていたときには、このようなことは起こりません。「よりよくしよう」と意識づいているからこそ、一人ひとりの思いのズレが出てきます。

ここから徐々に互いに課題を解決していくために、同じ方向を向けるようになっていきます。まだまだうまく解決する力はありませんが、絶えず考える場があることによって、成長へとつながります。一人ひとりの悩みも含めて、丁寧に支えていきたいと思います。

（六月下旬）

「読めたつもり」「わかったつもり」「説明できたつもり」……と「〇〇のつもり」ということが多いです。これはどの年代でも起きうることです。この「〇〇のつもり」から卒業するためには、自分のことを客観視する（自分で自分を見つめる）力が必要になります。一日や二日で急に育つものではなく、「振り返る」ことを大切にすることによって、少しずつ自分の身に付いていきます。

四月に比べて「自分」を見る目が育ってきています。すぐ「ああしなさい」「こうしないと」と言いたくなりがちですが、グッと立ち止まって「問いかける」ことを大切にしています。目には見えにくい内側の力（その子の根っこ）の成長を大切にしたいです。

（七月中旬）

紹介した二つの文章のどちらも四月（当初）との変化を書いています。こうしたことを書き続けることで、**保護者も「過程」を意識するようになります。**子どもたちに「結果」だけを求めるのではなく、「できるようになってきていること」を大切にしてくれるようになるでしょう。

また、その際に教師としての願いや思いも書いておくと、より一緒になって子どもたちの成長を支えることができるようになります。試行錯誤することの大切さや面白さを一緒になって共有していくことで、子どもたちも安心して試行錯誤することができるでしょう。

43

その子の学びや変化は保護者にも知らせる

学校での子どもたちの学びや変化を最もよく知っているのは先生です。その情報を先生の中だけで留めておくのはもったいないことです。多くの保護者は、宿題の様子やテストの結果からしか子どもたちの学びを理解できていないことが多いです。そのため、

「全然わかっていないのではないか」
「なぜ、うちの子はこんなにできないのだろう」

と悩んでしまうことも少なくありません。

だからこそ、**学習がどのように進んでいるのか、子どもたちがどのように変化、成長しているのかを保護者にきちんと伝えること**が必要です。家では見えない部分を、できる限り見えるようにします。

4年生になると、これまで以上に学習内容が難しくなります。子どもたちもすぐに「わかった」「できるようになった」となるわけではありません。そのため、「何を学んでいるのか」「どのように成長していっているのか」を具体的に伝えることで、保護者も安心できるでしょう。

44

「何かあったときだけ連絡する」は避ける

保護者には、子どもが怪我をしたり、何か問題が起こったりしたときに連絡することが多いでしょう。もちろん、このような場合にきちんと連絡することは重要です。しかし、保護者との関わりがそれだけになってしまうと、保護者は、

「先生からは子どもの困った話しか聞かない」

と感じてしまうかもしれません。そうすると、先生からの電話があるたびに「構えてしまう」ことにもなりかねません。

だからこそ、何か問題があったときだけでなく、**日頃の様子や子どもたちが頑張っていることなどもきちんと伝える**ようにしましょう。子どもたちが授業で見せた成長や、特に力を入れている活動について伝えることで、保護者にとって嬉しい情報を共有することができます。

このように、ポジティブな情報も伝えて、保護者との関係をよりよいものにすることで、何か問題が起きたときにも話を聞いてもらいやすくなります。保護者も子どもの成長を身近に感じることができ、学校と家庭が協力して子どもたちの成長を支えることができます。

45

学年で子どもたちの成長を支えられるようにする

学級担任として子どもたちの成長を支えることは当然ですが、どうしても一人だけでは「その子の見方、理解」が偏ってしまうことがあります。そこで、もし単学級でなければ、同じ学年の先生と協力して、子どもたちの成長を支えられるようにしましょう。

他の先生と協力することで、**自分には気づかなかったことをフォローしてもらう**ことができます。

もし、自分が学年で上の立場であれば、まわりの先生の様子をしっかりと見て、必要に応じて支援することが必要になります。若い先生が得意なことがあれば、そこを頼りにするのもよいでしょう。

また、年上の先生と組んでいる場合には、困っていることがあればすぐに相談し、助けを求められるようにします。その代わりに、自分が得意なことやできることについては積極的に頑張ればよいのです。

子どもたちにとっても、**一人の先生に見守られるよりも、様々な先生にサポートしてもらうことで、より豊かに成長します。**困ったときに話を聞いてくれる大人が多いことは、子どもたちにとって心強いものです。「担任だから一人で頑張らなければ」と思うのもいいですが、もっと柔軟に考えてみると気負わずに過ごせるのではないでしょうか。

46

専科の先生にも学級で大事にしていることを伝える

4年生になると専科の先生の授業が増える学校もあるでしょう。その結果、各教科の授業での子どもたちの姿が異なることがあります。

- 自分の授業では落ち着いているのに、専科の授業ではうまくいかない子がいる
- 自分の授業ではうまくいかないのに、専科の授業では頑張れる子がいる

こういった違いは、子どもたちの様々な一面を知る上でとても重要です。子どもたちは、異なる環境で学ぶことで柔軟性を身に付け、様々な状況に対応できるようになります。しかし、先生ごとに指導方針がバラバラであると、子どもたちは混乱してしまう可能性があります。そうならないように、**専科の先生とも「大事にしていること」をしっかりと共有**していきましょう。

その際、専科の先生が「大事にしていること」も聞いておかなければいけません。このようにきちんと関わり合って、共通の指導方針を持つことで、子どもたちに一貫した指導や支援を行うことができます。さらに、専科の先生と絶えず子どもたちの情報を共有することで、子どもたちの多面的な成長を支えることができます。

47

養護教諭と連携して子どもたちの成長を支えられるようにする

4年生になると、子どもたちはこれまでのように自分の考えや思い、悩みを素直にさらけ出さなくなることが多くなります。その結果、子どもたちの気持ちが段々とわかりにくくなってきます。だからこそ、養護教諭と連携するようにします。子どもたちは、教室以外にも保健室に行くことが多いでしょう。そこでは、**怪我や体調不良に対応してもらうだけでなく、相談をすることも多いです。**

養護教諭ときちんと連携し、子どもたちの悩みを共有することで、子どもたちの成長を共に支えることができます。担任には話せないことでも、養護教諭には話せることがあるかもしれません。養護教諭は子どもたちの心のケアにおいて専門的な知識を持っているため、子どもたちの心の悩みに対してよりよい関わりをされるでしょう。

このような時期の子どもたちの心の問題を、担任一人で解決しようとする必要はありません。養護教諭と連携することで、より幅広い支援ができるようになります。前もってこのような話を養護教諭にしておくといいかもしれません。

また、養護教諭との連携を通じて、保護者も安心感を持つことができるでしょう。学校全体で子どもたちの成長を見守り、支える体制を築いていきます。そういう環境だからこそ子どもたちも安心して過ごすことができます。

48

管理職の先生には早めに相談する

4年生にもなると、子どもたちが抱える問題や起こるトラブルも多岐にわたるようになります。

- オンライン上でのいじめ、トラブル
- SNSで知らない人と関わるトラブル
- 保護者の問題に巻き込まれる
- 塾や習い事が増えたことにより生活習慣が変わる

……など実に様々です。どれもが「4年生から起こる」と決まっているわけではありませんが、これまでに比べて、こうした事象に出合うことが確実に増えます。

実際に、担任だけでは対処できないこともあるでしょう。指導や支援に悩むこともあります。だからこそ、早めに管理職に相談するようにします。

自分一人ではよくわからないことについては「相談する」ことで、自分だけの責任ではなくなります。それだけでも気持ちが軽くなるでしょう。しっかりと頼っていきたいものです。

49

これまで「4年生」を持った先生に相談する

本書には「4年生のクラスをまとめるコツ」がたくさん書かれていますが、ここに書き切れていないコツもあります。教育書から学べることは多いですが、まわりにはこれまで4年生を受け持ったことがある先生がたくさんいるはずです。そんな先生にきちんと相談していくのもいいでしょう。

- ケンカを指導するコツ
- グループ化する子どもたちの関係性を広げていく場づくり
- 後ろ向きになってしまう子への指導
- 不安定になる保護者への対応

本書には書き切れていない細かな「うまくいかないこと」「悩み」が、たくさん出てくると思います。本書に書かれているコツやポイントをもとに指導や支援をしていけることもありますが、細かなことはまわりの先生と一緒に悩めるようにした方がよいです。

誰もが「すぐにうまくいく」わけではありません。**「ここ教えてください！」「どうしたらいいですか？」と、自分をさらけ出して**相談してみましょう。

50

子どもたち一人ひとりの「問い」と試行錯誤を大事にする

授業では、子どもたちの「問い」を大切にするようにします。一つの事柄についても、子どもたちの気になる点は様々です。そのような違いがあるからこそ、一緒に学ぶことは面白く、豊かになります。

例えば、**目の前にあるスマートフォンからどんな「問い」が生まれますか。**

- なぜこのような形なのだろう？
- どうして「スマート」と言うのだろう？
- 誰が「スマートフォン」と名付けたのだろう？
- 海外でも「スマホ」と略しているのかな？
- 十年後もスマートフォンはあるだろうか？
- さらに進化させるとしたら、どこを進化させられるだろう？

きっと、いろいろな「問い」が思い浮かぶのではないでしょうか。何も思い浮かばなければ、そのまま「目の前にあるスマートフォン」で終わりです。でも、「問い」を意識することで、スマートフォンの見え方が変わってきたのではないでしょうか。

「問い」は、その事象に深く入り込むためのきっかけとなります。**「気になる」「もっと考えたい」となったことを取り上げることで、自身の主体性を持続させながら学習することができる**ようになります。先ほど考えたスマートフォンに関する「問い」も、あれこれ考えたり調べたりすると面白そうですよね。

また、これまでの知識や経験によって、生まれる「問い」は異なります。それは、子どもたちも大人も同じです。授業では、そのような子どもたちの「問い」をもとに学習を進めることで、子どもたち一人ひとりに応じた学びが生まれるでしょう。

さらに、子どもたちが自分なりに試行錯誤できるような環境をつくることも必要です。

- 「問い」をもとに調べたり考えたりすることができる時間をつくる
- 様々な情報と出合える環境をつくる
- 一人で考えたり、一緒に考えたりすることが自由にできるようにする
- 自分なりに工夫してノート整理できるようにする

……と、「自分なりに」が生まれやすい環境をつくることで、試行錯誤することができやす

くなるでしょう。「自分なりに」であれば、まわりの人から評価されることがないので、いろいろなことを試しやすくなります。

このように、子どもたちの一人ひとりの「問い」と試行錯誤を大事にすることで、**「誰かに言われてやる」学習ではなく、「自分から主体的に取り組む」学びが生まれます。**この過程を通じて、子どもたちは自分なりの方法で課題を解決し、学びを深める力を育むことができます。

教師として、子どもたちの試行錯誤を見守りながら、一緒にその過程を楽しむ姿勢を持ちましょう。子どもたちが自分（たち）の「問い」に向き合い、解決策を見つけていく過程を支援することで、学びの喜びを共有することができます。その過程で、より深い学びを実現することができるでしょう。

授業において、「一人ひとりの興味・関心が大事にされる」「試行錯誤できる」環境を整えることができれば、学級での生活にもつなげていくことができます。子どもたちの成長を考える際、「授業だけ」「学級づくりだけ」にせず、どちらもつなげながら子どもたちの成長を支えられるようにしたいものです。

51

授業だからこそ「共に学び合う」ことを大事にする

学級づくりを通して、子どもたちに協働性を育てることはとても大切です。日常生活でもそのような「協働性を育てる」場面をたくさんつくっていきますが、一日の大半を占める授業の中でも子どもたちの協働性を育むようにしましょう。

授業中は、日常生活のようにグループが固定化されたり、一緒に遊ぶ人が決まっていたりすることが少ないです。**学習の場でこそ、子どもたちは様々な他者と改めて出会い直すことができ、新たな関係を築く機会を得る**ことができます。このことを意識しながら、集団で学ぶ場をつくっていきましょう。

様々な学習を通して、子どもたちは他者のよさや面白さに気づくことができ、相手の新しい一面を発見することができます。このような経験を通じて、子どもたちは共に学び合うことの大切さを理解し、他者と協力して学ぶことの楽しさを感じるようになるでしょう。

教師としては、授業の中で様々な活動を取り入れ、子どもたちが自然に協力し合える環境を整えることが重要です。**グループワークやペア活動を通じて、子どもたちが異なる視点を共有し、互いに学び合う姿勢を育むことができます。**

こうした取り組みによって、協働性が育まれ、子どもたちの成長を支える学級の環境がつくられるでしょう。

52

授業の中で一人ひとりが輝けるようにする

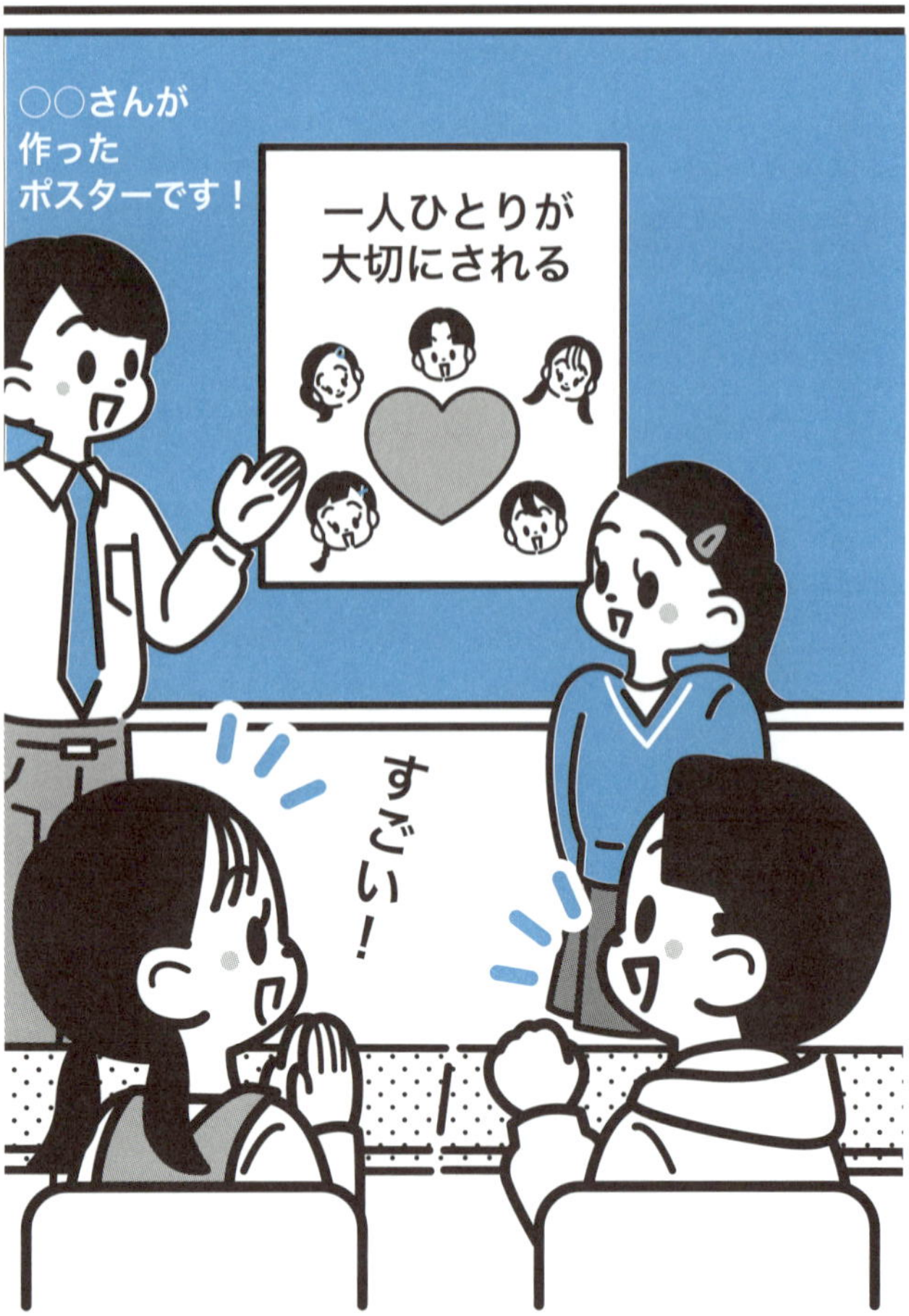

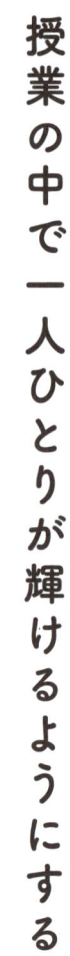

授業は、子どもたちの面白さや考えが輝く場面がたくさんあるはずです。例えば、

- 理科の授業で虫について熱中する子
- 国語の授業で言葉にこだわる子
- 自分の考えを整理するのが得意な子
- ＩＣＴ機器を使いこなせる子
- 絵を描くのが得意な子

など、学級には本当に様々な特技や興味を持った子どもたちがいます。

なかには、自分から積極的に自慢する子もいますが、多くの子は控えめで、「自分のよさ」を見せることに躊躇することもあるでしょう。だからこそ、授業の中でそれぞれのよさが自然に重なり合う学びの場をつくることが重要です。そのような場をつくることで、**子どもたちの個々の輝きが集団の中で本当の輝きとなっていきます。**

自然に価値が広がることもありますが、多くの場合はそうではありません。そこで、教師が子どもたちの特性や能力をしっかりと見つけ、広げていけるように支援しましょう。

53

「授業を通して学級づくりをする」という意識を持つ

一日の大半を占める授業は、学級づくりと切り離して考えることはできません。だからこそ、「授業を通して学級づくりをする」ことが重要です。学級づくりで大切にしたいことは、それぞれの先生によって異なるかもしれませんが、その**「大切にしたいこと」を授業の中でも意識して取り入れることで、より子どもたちの育ちを支えることができます。**

私の場合は、子どもたちの自律性と協働性を育てることを大事にしています。授業中にも自律性や協働性を育てる場面を意識的につくることで、子どもたちの成長を支えることができます。例えば、グループ活動やプロジェクト学習を通じて、子どもたちが自ら考え、他者と協力する機会をつくることができるでしょう。

このように、学級づくりで大切にしたいことが授業に生かされ、授業で大事にしていることが日常生活にも生かされるようになると、子どもたちの学びが自然とつながっていきます。授業は単に勉強を教えるだけでなく、子どもたちの成長を総合的に支える場と考えるようにしていきましょう。

本書は「学級経営」に関する本ですが、「授業を通して」という意識を持つことで、教師として選択判断できることが広がります。自分の得意な教科からでも構いません。「授業を通して学級づくりをする」ことを始めてみましょう。

見て見ぬふりはしない

学級づくりのポイントとして重要なのは、

・子どもたちの成長を支える
・よりよい関係性、場をつくる
・自分にできることをする

といった姿勢を持つことです。教育書や研究会等で「○○することが大事だ」「△△することが必要だ」という言葉に出合うことが多くあると思いますが、こうした一つひとつの言葉に振り回されないようにしましょう。**「手段」が「目的」になってしまうと、本来の意義を見失ってしまう**ことがあります。

目の前の子どもたち一人ひとりを見つめ、その中で教師自身が、

・○○するのが大切だ
・△△したい
・■■してみよう

という思いを持つことです。この思いがあることで、具体的な指導や支援を行うことができるはずです。

本項のタイトルにあるように「見て見ぬふりはしない」ことは教師の基本的な姿勢であり、大前提です。子どもたちを見ても、

- 声をかけるべきこと
- 指導や支援をすべきこと

などに気づかないことがあるかもしれませんが、それは仕方のないことです。その場合は、次に気づけるように自身を成長させていけばよいでしょう。

ただし、子どもたちの課題などに「気づいているのにそのままにしておく」のはよくありません。例えば、

- 試した「方法」がうまくいかない
- 自分の大事にしたい「方法」には当てはまらない

- 関わったら反抗的な態度をとられてしまう
- 指導して子どもたちを傷つけたくない

……といったことがあれば、指導や支援をすることに躊躇してしまうようになるかもしれません。その中で、「見て見ぬふり」を続けることが習慣化してしまうと、その状態の自分から抜け出すのが難しくなります。

まずは何か行動を起こし、一歩踏み出すことを忘れずにいましょう。**絶えず子どもたちの様子を観察し、変化や悩みなどに気づいたら、声をかけたり指導や支援をしたりするようにしましょう。**教師としての役割を果たすことで、子どもたちの成長を支えることができます。子どもたちにとって、教師が見てくれている、支えてくれているという実感は、非常に大きな安心感につながります。その安心感が、学びに向かう意欲や新たなことにチャレンジする気持ちを育みます。

だからこそ、教師自身が積極的に関わり、行動することが重要です。それが、結果としてよりよい学級づくりにつながります。

55

「任せる」という綺麗な言葉で終わらせない

最近は、「子ども主体」が重要視され、

- 子どもたちに任せることが大切だ
- 教師は出過ぎない方がいい

という考え方が広まっています。確かに、子どもたちに任せることで自主性が育ち、教師が控えめに関わることが効果的な場面もあります。しかし単に、

- 任せればよい
- 教師は出なければよい

というわけではありません。「任せる」という言葉は美しい響きがあるので、魅力的に感じる気持ちはわかりますが、それだけでは十分ではありません。**任せることが「放任」に陥らないようにすること**が大切です。

なかには、「任せなければならない」と義務のように感じてしまう先生もいるかもしれま

せん。これまで「任せる」ことができていなかったのであれば、余計にそう感じてしまう気持ちもわかります。

- 信じる
- 任せる
- 委ねる

……と、似たような言葉がたくさんあります。これら一つ一つの言葉の意味や大事にしていることをきちんと見つめた上で、それぞれの「手段」をとっていきたいものです。

任せる前に、まず子どもたち一人ひとりを丁寧に観察し、どのような手助けが必要かをしっかりと見極めることが必要です。子どもたちがどんなことに取り組んでいるのか、どのような課題や悩みを抱えているのかを理解することで、「任せる」という選択が本当に適切かどうかを判断できます。

この過程を経ることで、単に**「任せる」だけでなく、教師がよりよく関わりながら子どもたちの成長を支えることができます。**

任せるだけで終わってしまうと、指導が中途半端になりがちです。**本来の目的を見失わないようにし、「何が大切なのか」を常に意識する**ことが重要です。子どもたちに任せることで、子どもたちが自分（たち）の力で問題を解決し、成長する機会をつくることができますが、そのためには教師が常に関わり続けることが不可欠です。

例えば、任せた後も、子どもたちが自分たちで活動を進めていけているのかどうかを見守り、必要に応じてアドバイスをしたり、フォローをしたりすることが必要になります。これにより、子どもたちは自分自身の力で問題を解決する経験を積み、その過程で大きく成長していきます。どれくらい関わればよいかは、子どもたちの状況によって変わるでしょう。

教師と子どもたちが共に成長し、学び合う関係を築いていくためには、「任せる」ことの意味と限界をしっかり理解した上で、子どもたちとの関わりに取り入れていくことが必要になります。子どもたちが自信を持って成長できるよう、常に目を光らせ、適切なタイミングで関わることを忘れずにいましょう。

56

遠慮せずにきちんと指導する

「任せることが大事」
「叱らない指導が必要」
「教師のいらない授業をすべき」

など、様々な言葉が重視される中で、迷ってしまう先生も多いかもしれません。本当はもっと声をかけたい、きちんと注意したい、必要なことを伝えたいと思っているのに、どこか遠慮して何もできなくなってしまうこともあるでしょう。

先生自身が必要だと感じたら、その気持ちを大切にし、思い切って声をかけたり指導していきましょう。もちろん、他にもやり方があるかもしれませんが、それは後で考えればよいのです。「任せなければならない」という考えに振り回されるのではなく、**その場で必要だと感じたことに遠慮せずに取り組みましょう。**

その上で、「よかったな」と思ったり、「次回はこうしてみよう」と振り返ったりしながら、異なる指導や支援の選択肢を増やしていけばいいのです。子どもたち一人ひとりに合った指導や支援を心がけるためには、教師は常に試行錯誤していくことが求められているのかもしれません。

57

子どもたちとの毎日を楽しむ

これまでに多くのコツやポイントが挙げられてきましたが、これらを、

「教師としてやらなければならないこと」
「4年生の担任として絶対に必要なこと」

と考えすぎると、一つ一つをこなすことに追われたり、やれていないことにプレッシャーを感じてつらくなってしまったりします。

もちろん、できていないことやうまくいかないこともあるかもしれませんが、まずは「子どもたちと共に過ごす」ことを楽しみましょう。つらいことや苦しいことにばかり目を向けるのではなく、**「楽しむ」という意識を大切にしてください。**「楽しむ」ことを意識するだけで、新たな気づきを得ることができるようになります。

教師は人と人が触れ合う仕事であり、子どもたちの成長に関われる素敵な仕事です。だからこそ、その楽しさをしっかりと味わい、自分自身も成長しながら、子どもたちと一緒に学び合うことができるようにしたいものです。「楽しむ」姿勢を持つことで、子どもたちにとっても学級が居心地のよい場となるでしょう。

58

一人の「人」として子どもたちと接する

「教師」としての視点は常に持ちながらも、それだけにとどまるのはもったいないことです。一人の「人」として子どもたちを尊重し、一人の「人」として子どもたちと出会うことを忘れずにいたいものです。そうすることで、自然とかける言葉が変わり、子どもたちとの関係もより豊かなものになるでしょう。

「人と人」として出会うことで、子どもたちの面白さや素晴らしさに目を向けることができると同時に、子どもたちから学ぶことも多くなります。


「教えないと」

「指導しないと」


と、**一生懸命になりすぎる気持ちを少し解放すると、子どもたちとの日々を気楽に楽しむことができる**のではないでしょうか。

また、子どもたちとの関係が深まると、彼らの考えや感じていることを理解しやすくなります。これにより、授業や日常生活においても、よりよい指導や支援ができるようになるでしょう。子どもたちとの日々を大切にし、一緒に成長していくことを楽しみたいものです。

59

自身の「問い」を大切にする

子どもたちの成長に関わる過程で様々な「問い」が生まれるでしょう。例えば、次のような「問い」を抱えている先生も多いかと思います。

- どうして学級経営がうまくいかないんだろう？
- どうすれば指示がきちんと伝わるだろう？
- どうすれば子どもたちのよりよい成長を支えられるだろう？
- そもそも「よりよい成長」って何？
- そもそも「学ぶ」ってどういうこと？

日々の忙しさに追われていると、こうした一つ一つの「問い」にじっくりと向き合っている余裕がないかもしれません。しかし、こうした「問い」ときちんと向き合い、考え続けることによって、よりよい指導や支援を考えることができます。

ポイントは、**すぐに「答え」を見つけようとしない**こと。教育に関わる「問い」に関しては、「これが正解」というものがありません。だからこそ、じっくりと考え続けていきましょう。そうすることで「いい悩み」になります。

60

「ポイント」「コツ」を疑う

本書における最後の「ポイント」「コツ」となりました。その最後に伝えたいことは、

「きちんと『ポイント』『コツ』を疑うことが大切」

ということです。「どういうこと?」と思われた方も多いかもしれません。もちろん、本書に書かれている「ポイント」「コツ」を意識して学級づくりを行うことで、子どもたちのよりよい成長を支えることができるようになるでしょう。ただ、これらのポイントを「そのまま」目の前の子どもたちに適用できる場合もあれば、そうでない場合もあります。

なぜなら、

- 子どもたち一人ひとりが違う
- 学級の様子もそれぞれ違う

からです。何と当たり前のことでしょう。でもついつい忘れがちになります。「違う」からこそ、「そのまま」取り入れるのではなく、疑いながら活用するようにしてください。

おわりに

本書をお読みいただき、ありがとうございました。最初から最後まで通して読まれた方もいれば、ご自身の今抱えている課題や関心のあるテーマに絞って読まれた方もいらっしゃるのではないでしょうか。本書が六十項目にまとめられているからこそ、そうした自由な読み方が可能だったのではないかと思います。

コツとして提示しながらも、「こうすれば必ずうまくいく」と断定的に書かれている箇所はあまりなかったのではないでしょうか。もちろん、一部にはそうした書きぶりの部分もあるかもしれませんが、基本的には「唯一の正解」というものは存在しないと私は考えています。本書を通じて、読者の皆さんが目の前の子どもたちと試行錯誤を重ねる中で、この六十のコツが何らかのヒントや気づきにつながれば嬉しいです。

「こんなふうにしてみたらどうだろう」
「これなら自分の学級で生かせるかもしれない」
「次はここを試してみようかな」
といった新しい発想が生まれたとき、それが皆さんの指導や支援として形づくられ、次第に子どもたちとの関わりの中で息づいていく――そんなふうに役立てていただけたら幸いです。

学級経営は、目の前の子どもたちの姿から学び続けることの連続です。悩むことも迷うことも多い中で、少しずつ自分なりのスタイルをつくり上げていく。その過程を支える一冊として、本書がそばにあればいいなと思っています。

最後に、本書を形にする機会をくださった樋口万太郎さん、そして東洋館出版社の畑中潤さんには心から感謝申し上げます。お二人のサポートのおかげで、これまで自分が積み上げてきた学びを整理し、また新たな読者の皆さんとつながることができました。この本を通じて、様々な先生方と出会える機会を得られたことをとても嬉しく思います。

本書を読んで終わりではなく、ぜひこれからも何らかの形で皆さんとお話できることを楽しみにしています。どうぞこれからもよろしくお願いいたします。

若松　俊介

【参考・引用文献】

・秋葉英則『思春期へのステップ（9、10歳を飛躍の節に）』清風堂書店、1989年
・渡辺弥生『子どもの「10歳の壁」とは何か？ ―乗りこえるための発達心理学』光文社、2011年
・岩瀬直樹・ちょんせいこ『信頼ベースのクラスをつくる よくわかる学級ファシリテーション① かかわりスキル編』解放出版社、2011年
・片山紀子編著、若松俊介著『「深い学び」を支える学級はコーチングでつくる』ミネルヴァ書房、2017年
・若松俊介『教師のいらない授業のつくり方』明治図書、2020年
・若松俊介『教師のいらない学級のつくり方』明治図書、2021年
・若松俊介『子どもが育つ学級をつくる「仕掛け」の技術』学陽書房、2021年
・若松俊介『教師のための「支え方」の技術』明治図書、2022年
・若松俊介『教師の？思考』明治図書、2023年
・片山紀子編著『ファシリテートのうまい先生が実は必ずやっている「問いかけ」の習慣』明治図書、2024年
・片山紀子編著『「支配」でも「放任」でもない学級担任術』明治図書、2025年
・若松俊介『教師のいらない授業のなやみ方』明治図書、2025年

著者

若松 俊介（わかまつ しゅんすけ）

京都教育大学附属桃山小学校主幹教諭
「子どもが生きる」をテーマに研究、実践を積み重ねている。国語教師竹の会運営委員／授業＆学級づくり研究会員。『教師としてシンプルに生きる』（枡野俊明氏との共著、東洋館出版社）、『教師のための「支え方」の技術』（明治図書）など著書多数。

4年生のクラスをまとめる60のコツ

2025（令和7）年3月28日　初版第1刷発行

著　者　若松 俊介
発行者　錦織 圭之介
発行所　株式会社 東洋館出版社
〒101-0054　東京都千代田区神田錦町2丁目9番1号
コンフォール安田ビル2階
代　表　TEL 03-6778-4343／FAX 03-5281-8091
営業部　TEL 03-6778-7278／FAX 03-5281-8092
振　替　00180-7-96823
URL　https://toyokan.co.jp/

装幀・本文デザイン：etokumi 藤塚尚子
イラスト：kikii クリモト
組版：株式会社明昌堂
印刷・製本：株式会社シナノ

ISBN978-4-491-05772-9 ／ Printed in Japan